科技孵化产业智力资本协同对区域创新绩效影响研究

田颖 ◎ 著

首都经济贸易大学出版社

·北京·

图书在版编目（CIP）数据

科技孵化产业智力资本协同对区域创新绩效影响研究/田颖著. --北京：首都经济贸易大学出版社，2022.3
ISBN 978-7-5638-3335-1

Ⅰ.①科… Ⅱ.①田… Ⅲ.①智力资本—影响—区域经济发展—研究—中国 Ⅳ.①F127

中国版本图书馆 CIP 数据核字（2022）第 011646 号

科技孵化产业智力资本协同对区域创新绩效影响研究
田 颖 著

责任编辑	晓 地
封面设计	砚祥志远·激光照排 TEL:010-65976003
出版发行	首都经济贸易大学出版社
地　　址	北京市朝阳区红庙（邮编 100026）
电　　话	（010）65976483　65065761　65071505（传真）
网　　址	http://www.sjmcb.com
E-mail	publish@cueb.edu.cn
经　　销	全国新华书店
照　　排	北京砚祥志远激光照排技术有限公司
印　　刷	北京九州迅驰传媒文化有限公司
开　　本	170 毫米×240 毫米　1/16
字　　数	171 千字
印　　张	9.25
版　　次	2022 年 3 月第 1 版　2022 年 3 月第 1 次印刷
书　　号	ISBN 978-7-5638-3335-1
定　　价	42.00 元

图书印装若有质量问题，本社负责调换
版权所有　侵权必究

前　言

开放式创新背景下，自上而下的创新方式发生嬗变，大众参与创新创业的热情不断高涨；智力资本在新经济时代的重要性凸显，优化智力资本要素配置成为中小企业创新创业成功的关键；区域创新体系成为建设创新型国家战略背景下国家创新体系在地区的深化和支撑；科技孵化产业作为区域内科技孵化器的总和，不是由科学、技术和知识线性叠加的，而是在经济、社会、政治等因素，与孵化器内外异质性、多样性智力资本资源耦合交互下形成的复杂性协同创新系统。科技孵化产业能够集聚科技孵化器企业优势力量，承接开放式创新，实现智力资本的流动和溢出，对于辅助和培育中小型创业企业，提升所依托区域与邻近区域的创新能力具有十分重要的作用。因此，构建跨区域分析框架，刻画多方面、多主体的科技孵化体系的结构特征与动态演化，阐明孵化器群体对内外部异质性智力资本资源的优化配置方式，剖析科技孵化产业智力资本协同机制与协同能力，发挥区域内孵化器合力，探讨科技孵化产业智力资本协同对本区域与邻近区域创新能力的影响变得尤为重要。

此外，科技服务业通过科学研究、技术服务与推广、技术咨询、技术孵化、知识产权服务和科技评估等方式为社会提供知识与技术服务，而提供科技孵化服务的科技孵化产业是科技服务业的重要组成部分。科技孵化产业作用的发挥离不开前期政府的干预作用，以及市场在资源配置作用中起到的决定性作用。因此，在科技孵化产业经营与运作过程中，如何协调政府支持与市场配置作用，使二者形成合力，保障科技孵化产业良性发展同样具有重要的研究意义。

基于上述研究背景与问题，本研究不再聚焦单个孵化器，而是以区域内多个孵化器为研究对象，以智力资本为切入点，探讨孵化器总体特征，采用科技孵化产业智力资本"H-S-R"三维度，剖析科技孵化产业内外部智力资本协同机理，构建指标体系，对全国范围内31个省份的科技孵化产业智力资本协同程度进行测算与评价，理清区域发展差异；优化科技孵化产业智力资本协同促进区域创新绩效的测算方法，引入空间计量维度与动态效应，揭示不同空间因素作用下，科技孵化产业协同对区域创新的直接效应和间接溢出效应；进一步剖析政府支持在不同作用区间下的门限效应及最优作用区间，并从科技孵化器企业、科技孵化产业以及政府等角度，为提升科技孵化产业智力资本协同能力和区域创新能力提供有益参考和政策建议。

一、研究的主要内容及结论

第一，沿着科技孵化器—科技孵化产业—科技孵化产业智力资本—科技孵化产业智力资本协同—科技孵化产业智力资本协同创新系统的递进研究顺序，首先将科技孵化产业统置于智力资本"H-S-R"三维框架中，采用科技孵化产业智力资本三维度的概念，对各维度构成及相互关系进行分析，明确了智力资本对于科技孵化产业协同创新的重要性；对科技孵化产业智力资本三维协同进行透视，提出科技孵化产业内不同孵化器之间，孵化器三维智力资本要素内部以及三维要素之间，三种协同层面不同的协同模式与协同机制；从创客子系统、孵化器子系统以及智力资本子系统三方面构建科技孵化产业智力资本协同创新系统，清晰刻画了智力资本在科技孵化产业知识创新中知识资源匹配、吸收、转移和交互以及增值的不同阶段的发展轨迹。

第二，按照构建科技孵化产业智力资本协同能力指标评价体系—构建评价模型—进行实证检验的递进顺序进行研究，结合"二象对偶理论"，构建科技孵化产业智力资本创新系统协同能力指标评价体系和评价模型，对全国各省份科技孵化产业智力资本协同创新能力进行评价。结论表明，31个省份中大部分地区科技孵化产业创新系统的协同度，仍然处于低度协同的低水平阶段，科技孵化产业良性发展机制尚未形成，有待建立。

第三，循着构建科技孵化产业协同与区域创新关系理论框架—二者关系实证检验—政府支持在二者关系之间的非线性作用检验的递进顺序进行研究，构建科技孵化产业智力资本协同创新促进区域创新的理论框架，刻画科技孵化化产业的空间相关性及对区域创新的影响路径；构建动态空间杜宾模型，对科技孵化产业智力资本协同促进区域创新的直接效应与空间效应进行实证检验；检验政府支持在二者关系中的非线性作用并提出最优作用区间。结论表明，科技孵化产业智力资本协同对区域创新产生显著的正向直接效应与空间溢出效应，东西部地区溢出效应存在显著差异；政府支持对区域创新产生显著的正向直接效应与间接溢出效应，其负向调节科技孵化产业协同度与区域创新之间的关系，存在门限值0.672，政府对科技孵化产业的支持应保持在合理限度内。

二、研究的主要理论意义与实践意义

研究在理论上，弥补了科技孵化产业协同创新系统动态演化研究的不足，为科技孵化器企业乃至创新系统的研究提供了更加全面的视角，拓展了关于智力资本协同、空间计量及区域创新测度的研究；在实践上，为"大众创业、万众创新"情境下科技孵化器系统化发展，孵化器如何更好地整合资源、提供优质服务促进创客创新创业协同发展，政府如何更好地发挥作用提供了理论解释与依据。本研究有利于整合孵化器资源，实现产业化规模经济，促进产业知识流动、知识溢出与知识协同，对科技孵化器企业管理、科技孵化产业转型升级、提质增效具有积极的推动作用；为地方政府有的放矢地弥补区域发展差异、开展区域合作、制定孵化产业相关政策提供参考，进而促进中国创新创业的发展。

三、研究的创新点与学术贡献

第一，突破对单一孵化器研究的局限，以科技孵化产业为研究对象，对区域内多个孵化器总体特征进行研究，将其与智力资本概念结合，采用科技孵化产业智力资本"H-S-R"三维度结构，构建科技孵化产业智力资本协同创新系统，为科技孵化产业内部协同过程提出全新解释，拓宽了科技孵化器、科技孵化产业与智力资本研究的内容；前人研究将智力资本协同划分为智力资本要素之间以及智力资本各维度要素内部两个协同层面，本研究结合科技孵化产业的概念与特性，增加了科技孵化产业内部孵化器与孵化器之间智力资本要素的协同内容。

第二，依据二象对偶理论与复杂系统理论划分科技孵化产业智力资本协同创新系统，首次从省域角度对科技孵化产业智力资本协同创新能力进行评价，注重对科技孵化产业区域发展差异的研究。

第三，从被学者们忽视的空间计量视角切入，构建空间动态杜宾模型，实证分析科技孵化产业智力资本协同对区域创新绩效的直接效应和溢出效应，具有研究视角的独特性，是对已有研究内容的补充与创新。

第四，建立门限回归模型，进一步考察政府支持对区域创新绩效影响的非线性效应，得到政府支持作用发挥的最优区间，丰富了政府支持与区域创新的研究体系。

本书为以下项目的研究成果：①2020年度上海市哲学社会科学规划青年课题：数字经济驱动下长三角城市群高端产业网络动态空间演化、溢出及协同合作模式（编号：2020EJB001）；②四川省社会科学重点研究基地"文化产业发展研究中心"资助项目（2020）：四川省新兴文化产业集聚、空间布局及孵化路径研究（项目编号：WHCY2020A01）；③上海理工大学博士启动费项目（2020）：长三角一体化视角下上海科技孵化网络协同创新空间布局及路径提升研究。

目录 CONTENTS

1 绪论 ··· 1
  1.1 研究背景 ·· 1
  1.2 研究目的与意义 ··· 4
  1.3 研究方法与研究路线 ··· 7
  1.4 研究的创新点 ··· 11

2 相关理论基础与文献综述 ·· 13
  2.1 协同创新理论与文献综述 ·· 13
  2.2 区域创新理论基础与文献综述 ·································· 18
  2.3 孵化器文献综述 ··· 24
  2.4 智力资本文献综述 ·· 33
  2.5 本章小结 ·· 42

3 科技孵化产业智力资本协同机理 ··································· 43
  3.1 科技孵化产业的概念界定与发展概况 ························· 43
  3.2 科技孵化产业智力资本理论基础 ······························· 55
  3.3 科技孵化产业智力资本协同透视 ······························· 62
  3.4 科技孵化产业智力资本协同创新系统透视 ·················· 68
  3.5 本章小结 ·· 77

4 科技孵化产业智力资本创新系统协同能力评价 ················· 78
  4.1 科技孵化产业智力资本创新系统协同能力评价模型构建 ······· 78
  4.2 科技孵化产业智力资本创新系统协同能力评价方法 ········· 83
  4.3 科技孵化产业创新复合系统协同度模型构建 ··············· 88

  4.4 孵化产业智力资本创新系统协同能力评价指标体系构建 92
  4.5 科技孵化产业智力资本创新系统协同能力的测度与分析 96
  4.6 本章小结 99

5 科技孵化产业智力资本协同对区域创新影响的实证研究 100
  5.1 科技孵化产业智力资本协同影响区域创新绩效机理分析 100
  5.2 实证检验的空间计量方法 104
  5.3 科技孵化产业智力资本协同的空间特征 109
  5.4 模型建立与实证检验 112
  5.5 实证结果与实证分析 116
  5.6 本章小结 121

6 科技孵化产业协同对区域创新的影响
  ——政府支持的非线性效应检验 122
  6.1 政府支持的非线性作用的理论基础 122
  6.2 政府支持调节作用的门限回归实证分析 125
  6.3 本章小结 131

7 研究结论与展望 132
  7.1 研究结论 132
  7.2 政策建议 134
  7.3 研究局限 135
  7.4 研究展望 136

1 绪 论

1.1 研究背景

20世纪80年代,彼得·德鲁克提出创业型经济(entrepreneurial economy)的概念,并将其称为"新经济"。创业的本质即为创新,其核心在于突破既有资源限制而创造无限机会。创业型经济建立在创新基础上,从制度结构、政策和战略上为经济创新提供持续动力,从而促进中小企业的不断创新与发展、促进经济稳定增长以及产业结构的高度化[①]。新常态经济就是"双创"背景下的创业型经济。创新创业能力提升与创业型经济互为充分必要条件。创业型经济为创新创业活动提供经济基础,而创新为创业型经济提供发展动力,是创业企业的超越性拓展。创业型经济中,中小企业由于其灵活性、富有创新精神而成为主要推动力量。

科技孵化器是培育和孵化中小企业的优良场所和企业组织形式。1959年,美国人乔·库曼索在纽约贝特维亚建立了首个企业孵化器——"贝特维亚工业中心",距今已有60余年,目前全球约有7 000家科技企业孵化器,企业孵化器不断地成长与蔓延,在各国与各地区生根发芽。1987年,中国在武汉东湖区建立了首个企业孵化器,距今已有30多年。根据《2017中国火炬统计年鉴》,2016年年底,全国共有约3 255家孵化器,总规模居世界第一,孵化器总收入达到30.8亿元,运营绩效大幅提升。孵化器已然成为中国加快实施创新驱动战略的重要工具,成为孕育创新企业的摇篮,国家与区域创新体系建设的重要载体。尽管孵化器在发展过程中逐渐摒弃了以房租收入为主的"二房东"的商业模式,但仍然存在经营粗放、孵化服务专业性欠缺、资源整合能力较弱、收入渠道单一、持续发展能力较弱、孵化成功率低、区域发展不均衡等问题。因此,如何提升孵化器的孵化能力,提升被孵化中小企业的创新创业能力,提升科技孵化产业凝聚力、服务能力和可持续

---

① 彼得·德鲁克. 创新与创业精神 [M]. 上海:上海人民出版社,2002.

发展能力，如何弥合区域发展差异，如何抓住时代机遇向新型科技企业孵化器转型，是理论与实践亟待思考和解决的问题，科技孵化产业结构转型迫在眉睫。

1.1.1 "大众创业、万众创新"战略背景下科技孵化产业被重新定义

科技孵化产业是创新型经济的重要支撑。2014年，国务院提出"大众创业、万众创新"的发展战略，"双创"成为经济新常态下鲜明的主题和节奏；2016年，国务院正式印发《"十三五"国家科技创新规划》，中国建设创新型国家的战略目标进一步明确，随之培育创新力量的创新创业的业态形式不断涌现。而孵化器通过为创客提供场地、共享设施、培训和咨询、股权投资和宣传等方面的支持，能够降低创客创业风险和创业成本，提高其成活率、成功率和创新能力。其作为大众创业者与产业生态资源、智力资本资源对接的平台，为创客提供创新所需要的技术资源与条件，不仅能够培育优质企业成长，也有利于区域经济发展、促进创新发展及优化资源配置与共享，相比众创空间具有较长的发展历史与发展基础。在此背景下，作为培育和孵化创新型产业的孵化器及孵化产业被时代重新定义，为了更好地服务于创新型经济，需要在新机遇下，不断创新与变革，经历从传统孵化到新型孵化的过渡，以便更好地适应"众创"时代的到来。孵化产业成为承接万众创新和大众创业的载体以及国家和政府重要的发力点，是区域性的创新革命，也是中国创新发展的重要源头，区域创新的重要推动力量。因此，明确科技孵化产业对区域创新的重要性及其影响机制，促进区域创新发展具有重要意义。

1.1.2 开放式创新背景下自下而上的创新方式兴起

开放式的创新是创业型经济的灵魂。2003年，亨利·切萨布鲁夫（Henry Chesbrough）教授首次提出开放式创新的概念，认为开放环境下企业创新边界变得模糊，企业可以有机整合和利用内外部有益资源[①]，成为封闭式创新走向开放的重要起点。此后，知识社会创新2.0模式的兴起同样改变了传统的创新方式。传统科研实验室的创新1.0是由精英主导、"自上而下"的创新模式。宋刚等提出创新2.0的概念，即创新对象不再是由上层精英创新而是转向大众、用户的创新；不再是技术主导创新而是转向社会实践主导，

[①] CHESBROUGH H W. Open innovation: The new imperative for creating and profiting from technology [M]. Harvard Business Press, 2003.

在创新 2.0 中更加注重社会协作、更为符合用户需求①。此外,"互联网+"的浪潮以及互联网开源软件的发展为创新型经济发展提供了高技术保障。"互联网+"的浪潮为创新创业模式的嬗变提供了技术支撑,为创业者实现"互联网+创新创业"提供了可能。数字制造新技术如 3D 打印等为大众创新提供了软硬件支撑,使得大众创新成为可能。传统创新方式的改变激励更多创客进行创新创业活动,也为科技孵化产业的转型提供了良好机遇和技术基础。

1.1.3 智力资本要素在知识经济时代重要性凸显

人类社会经历了原始经济、农业经济和工业经济三个阶段后,正迈入第四个阶段——知识经济时代,一种全新的经济形态时代,并以智力资本为主要要素进行投入。以知识经济为主要框架的产业结构是创业型经济的重要支撑,而智力资本是知识经济的基础与增长方式,通过融合智力和知识源源不断创造价值和效用。智力资本能够弥补孵化产业、单个孵化器及单个创客资源不足的问题,促进创新系统节点内及节点间的技术与知识交流,增加资源来源途径,促进资源配置与转化,发挥溢出效应②,其重要性不断显现。如何有效利用、挖掘和管理智力资本资源,实现竞争优势,成为学者研究和关注的重点。

1.1.4 区域创新成为国家创新体系在地区的深化及支撑

2006 年,全国科技大会提出自主创新、建设创新型国家的战略,指出,要把科技进步和创新作为经济社会发展的首要推动力量,提高自主创新能力、提升国家竞争力,因此构建国家创新体系成为实现创新型国家的着力点。国家创新体系要求建设以企业为主体的技术创新体系,建设科学研究与高等教育有机结合的知识创新体系,建设军民结合、寓军于民的国防科技创新体系,建设各具特色和优势的区域创新体系以及建设社会化、网络化的科技中介服务体系。区域创新体系的建设成为创新型国家战略背景下国家创新体系在地区的深化与内生驱动力。区域创新体系是指在一定经济区域内形成的创新网络,在政府的政策协调下,使产业、高校与科研机构等创新主体,依靠银行、金融机构、中介服务机构等资源,实现自身创新能力的提升,其主要依赖于区域创新体系内技

---

① 宋刚,张楠. 创新 2.0:知识社会环境下的创新民主化 [J]. 中国软科学,2009 (10):60-66.
② 田颖,田增瑞,赵袁军. H-S-R 三维结构视角下众创空间智力资本协同创新对创客创新绩效的影响 [J]. 科技进步与对策,2018,35 (8):15-23.

术创新活动。科技孵化产业是区域创新与经济发展的"加速器",与区域相结合,有利于构建产学研的知识创新体系,有利于构建社会化、网络化的中介服务体系,有利于区域创新体系的建设,能够产生集聚效应、共享效应、催化效应和衍生效应[①]。因此明确科技孵化产业对区域创新影响机制与路径至关重要。

综上,科技孵化产业智力资本协同成为区域创新研究的新视角。科技孵化产业内知识通过流动、转移交互和溢出达到增值,为区域知识交换提供了更多的可能性,降低了创业企业创新成本,进而有助于区域创新的迸发。目前,科技孵化产业对区域创新的影响并未得到充分肯定,科技孵化产业协同能力测度方法并未统一,科技孵化产业发展的区域差异性尚未明确,对多重空间因素考虑不足,对科技孵化产业与区域创新之间的非线性关系的研究匮乏,研究结论存在争议,如何提升孵化器孵化能力进而规范孵化产业的发展、促进区域创新能力的提升是亟待解决的重要的管理问题。因此,本研究试图以智力资本为切入点,采用科技孵化产业智力资本"H-S-R"三维度,构建指标体系,并对全国范围内 31 个省份的科技孵化产业智力资本协同程度进行测算与评价,理清区域发展差异;优化科技孵化产业智力资本协同促进区域创新绩效的测算方法,揭示不同空间因素作用下,科技孵化产业协同对区域创新的直接效应和间接溢出效应,剖析政府支持在不同作用区间下的门限效应,进而为科技孵化产业内部科技孵化器如何更好地吸收内外部智力资本资源为创客服务,科技孵化产业系统化发展,政府如何更好地支持科技孵化产业发展,提升区域创新能力,提供有益参考和政策建议。

1.2 研究目的与意义

1.2.1 研究目的

本研究聚焦于科技孵化产业,明确科技孵化产业内部智力资本协同创新机制,围绕科技孵化产业智力资本协同对区域创新影响机制进行一系列理论探讨与实证分析,并进行策略研究。具体分为三个研究目的。

(1) 在界定科技孵化产业概念与本质的基础上,研究科技孵化产业与孵化器的区别,明确科技孵化产业的构成;采用科技孵化产业智力资本"H-S-R"

---

① 吴文清,赵黎明.科技企业孵化器内创业企业知识共享和政策[J].科技进步与对策,2009,26(12):116-118.

三维度概念，厘清科技孵化产业资源禀赋，阐明产业内部智力资本协同机理，为科技孵化产业高效利用内部、外部异质性资源和资本进行价值创造、知识共享提供理论基础。

（2）通过指标体系的构建，对全国范围内31个省份科技孵化产业智力资本协同创新能力进行测算与分析，剖析科技孵化产业协同发展程度以及发展的区域差异及其成因。

（3）通过理论假设与实证分析，探索空间计量视角下，科技孵化产业智力资本协同对区域创新影响的直接与间接溢出效应，验证科技孵化产业的协同发展对区域创新的重要性以及如何促进区域创新；构建门限模型，探索政府支持发挥作用的最优区间。为优化资源配置，加速孵化器产业化发展，促进创客的创新创业，培育创新氛围，提升区域创新能力提出相关政策和建议。

1.2.2 研究意义

目前，国内外研究主要集中于单个孵化器，从区域范围内对多个孵化器即整个孵化产业研究较少，且以定性研究为主。作为科技服务业、知识密集型产业的重要组成部分，科技孵化产业的研究具有深远的理论与实践意义。

1.2.2.1 理论意义

本研究以新经济地理学、产业协同理论等为基础，采用2009—2016年省级面板数据为样本，实证分析科技孵化产业智力资本协同对区域创新的影响程度、作用机制、门限特征与空间溢出效应，丰富了产业协同理论、孵化产业理论等内涵，提供了经验证据。

（1）拓展了关于智力资本协同的测度研究。本研究基于资源基础理论（resource based view，RBV）将智力资本概念与科技孵化产业概念相结合，首先拓宽了智力资本概念的应用研究范畴；其次，通过构建指标体系和测量模型，运用2009—2016年数据对全国范围内31个省域科技孵化产业智力资本协同能力进行测量，丰富了智力资本协同测度研究，拓宽了指标体系与模型构建的思路。

（2）拓宽了区域创新的研究视角。以往研究割裂了科技孵化产业与区域创新之间的联系。本研究对科技孵化产业智力资本协同对区域创新影响的直接效应和空间溢出效应进行测度，提出科技孵化产业促进区域创新绩效的理论模型与研究框架，丰富区域创新的研究视角，通过空间因素测算多种因素作用下科技孵化产业对区域创新的影响。

（3）深化科技孵化产业对区域创新绩效影响的研究。以往学者虽然对区域创新进行了大量研究，但都是简单的线性研究。本研究首先考虑空间因素，探究科技孵化产业智力资本协同对区域创新的影响，在此基础上，进一步构建门限回归模型，对政府支持非线性关系进行探讨，深化科技孵化产业智力资本作用机制和作用路径，丰富了科技孵化产业作用于区域创新绩效的理论，补充了现有研究范式，弥补了实证方面的不足。

1.2.2.2 实践意义

研究科技孵化产业协同及其对区域创新绩效的重要实践意义。科技孵化产业智力资本协同增强了区域创新能力和优势。从区域内部看，科技孵化产业智力资本协同会促进科技成果的转化、科技的发展，地理接近促进相邻区域资源交流与合作，加速知识和技术的扩散；从区域间看，科技孵化产业智力资本协同促进区域开放与合作。因此必须重视科技孵化产业智力资本协同以及空间因素。同时，中国科技孵化产业正从粗放型向集约型转变，从技术引进型向自主创新型转变，从外延扩张型向内涵开发型转变，从低级向高级转变。如何促进科技孵化产业化，提升科技孵化产业发展效率，氤氲创新氛围，实现产业可持续发展，成为关键问题。

本研究的实践意义主要表现在三个方面。

（1）有利于推动区域之间的合作。本研究通过考察区域地理邻近性和空间相关性特征，结合智力资本要素流动的创新溢出效应，探究区域之间科技孵化产业智力资本协同创新能力的地区差异、空间关联程度及对区域创新绩效的影响，有利于加强区域之间的交流，推动各区域之间开放与合作。

（2）有利于智力资本资源的优化配置，促进创新要素的流动。本研究采用科技孵化产业智力资本"H-S-R"三维结构，构建智力资本协同创新系统，探究科技孵化产业内部知识资源流动机理与协同机理，从而为促进科技孵化产业内智力资本资源优化配置提供政策与建议。

（3）为提升科技孵化产业良性发展与区域创新能力提供政策依据。根据文献基础，以往研究忽视了智力资本协同的空间异质性以及孵化产业智力协同能力的地区差异性。产业政策的制定要因地制宜，根据区域内部和区域间经济发展及产业发展状况制定相关政策，推动产业合理布局，促进区域协调发展。本研究基于空间计量视角，通过明确科技孵化产业智力资本协同对区域创新的影响机制，发现促进科技孵化产业化发展进而促进区域创新绩效提升的路径与方式，并提出相关政策和建议。

综上，本研究对科技孵化产业智力资本的研究，有利于整合产业资源，实现产业化规模经济，促进产业知识流动、知识溢出与知识协同，对科技孵化产业转型升级、提质增效具有积极的推动作用；为地方政府有的放矢地弥补区域发展差异、开展区域合作、制定相关产业政策提供参考。

1.3　研究方法与研究路线

1.3.1　研究思路

本研究以科技孵化产业为主要研究对象，将科技孵化产业与智力资本的概念相结合。其一，提出科技孵化产业智力资本协同的概念，阐明产业智力资本内部协同机理；构建科技孵化产业智力资本协同创新系统，探讨科技孵化产业内部孵化器、智力资本、创客及其他相关主体之间的协同机理。其二，对省域科技孵化产业智力资本协同能力进行测算与评价。其三，依据新经济地理学理论，基于空间计量视角，将科技孵化产业智力资本协同与区域创新纳入同一研究框架，探究科技孵化产业智力资本协同对区域创新影响的直接效应和空间间接溢出效应，明确科技孵化产业智力资本协同在区域创新中的作用及二者的互动机理。其四，将政府支持作为门限变量，对科技孵化产业智力资本协同与区域创新之间的非线性作用进行检验。其五，在验证研究假设的基础上，提出加快科技孵化产业化进程，提升对初创企业与创客的科技服务与科技转化的功能，建立产业智力资本全方位协同机制，进而提升区域创新能力的政策和建议。整体研究思路如图1-1所示。

1.3.2　研究方法

遵循文献研究、规范分析和实证分析以及对策研究的路径，以产业协同、智力资本理论为基础，对科技孵化产业智力资本协同机制以及与区域创新之间的关系进行规范和实证分析，基于研究结果，提出中国科技孵化产业化发展、促进创新创业企业科技成果转化、区域创新绩效提升的相关政策与建议。

1.3.2.1　文献研究法

文献是理论演绎的基础，在总结前人研究成果的基础上，界定自己的研究问题，拓展前人的研究结论与研究内容。本研究在检索国内外相关数据库的基础上，通过查阅有关孵化器理论、复杂创新系统、创新创业理

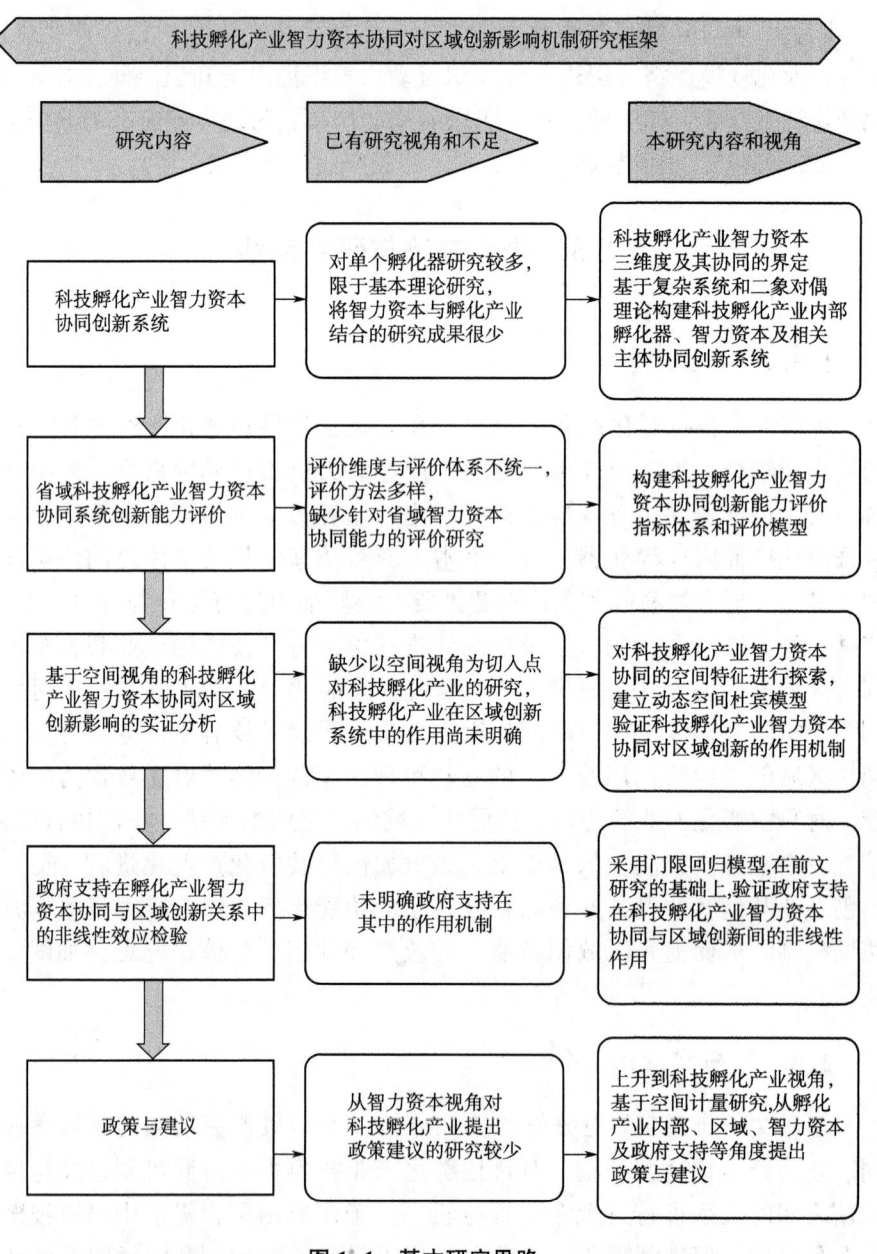

图 1-1　基本研究思路

论、区域创新等理论，结合文献检索分析软件，对科技孵化产业、智力资本及区域创新的研究视角和研究内容进行梳理，为理论模型构建和实证研究提供强大的理论支撑，对现有分析范式和理论成果进行突破、拓宽和创新。

1.3.2.2 空间可视化统计方法

本研究借鉴新经济地理理论，结合地理学交叉学科，并对科技孵化产业智力资本协同进行探索性空间特征分析。相比于传统的统计方法，本研究考虑了变量之间的空间相关关系，从空间层面解释科技孵化产业智力资本协同与区域创新绩效的关系。

1.3.2.3 规范分析方法

本研究采用文献研究和理论演绎相结合的规范分析方法，分析科技孵化产业智力资本内部协同机制、智力资本协同创新系统以及区域创新绩效内在机理，并构建相应理论模型与理论分析框架；充分借鉴国内外学者研究成果，分别考虑影响科技孵化产业智力资本协同以及区域创新的影响因素，进行归纳，并提出研究假设，为实证分析奠定理论基础。

1.3.2.4 实证研究方法

本研究基于空间计量分析、统计学、耦合协同度模型、熵值法等方法进行实证分析。

（1）采用二象对偶理论与复杂系统理论对科技孵化产业智力资本协同创新系统进行划分，并明确其系统复杂性与耦合性。构建省域科技孵化产业智力资本协同能力评价指标体系，基于熵值法构建评价模型，对全国31个省份科技孵化产业智力资本协同能力进行测算与分析，明确中国现阶段科技孵化产业智力资本协同能力发展的区域差异性。

（2）采用空间计量方法，运用莫兰指数I（Moran's I）检验科技孵化产业智力资本协同的空间自相关性；利用Wald和Hausman检验对模型进行选择；构建空间杜宾模型（spatial Dubin model，SDM）并对空间误差模型（spatial error model，SEM）和空间滞后模型（spatial lag model，SLM）等不同模型拟合优度进行比较，确定最终空间面板计量模型，并对模型进行回归与分析，厘清科技孵化产业智力资本协同对区域创新绩效的直接效应和溢出效应。

（3）利用汉森（Hansen）提出的门限回归模型，对政府支持的非线性效应进行检验，通过LM检验确定门限值与门限个数，用以研究在政府不同支持强度下，科技孵化产业智力资本协同对区域创新影响的差异与变化规律。

1.3.3 研究技术路线

本研究内容与研究架构遵循如图1-2所示的技术路线。

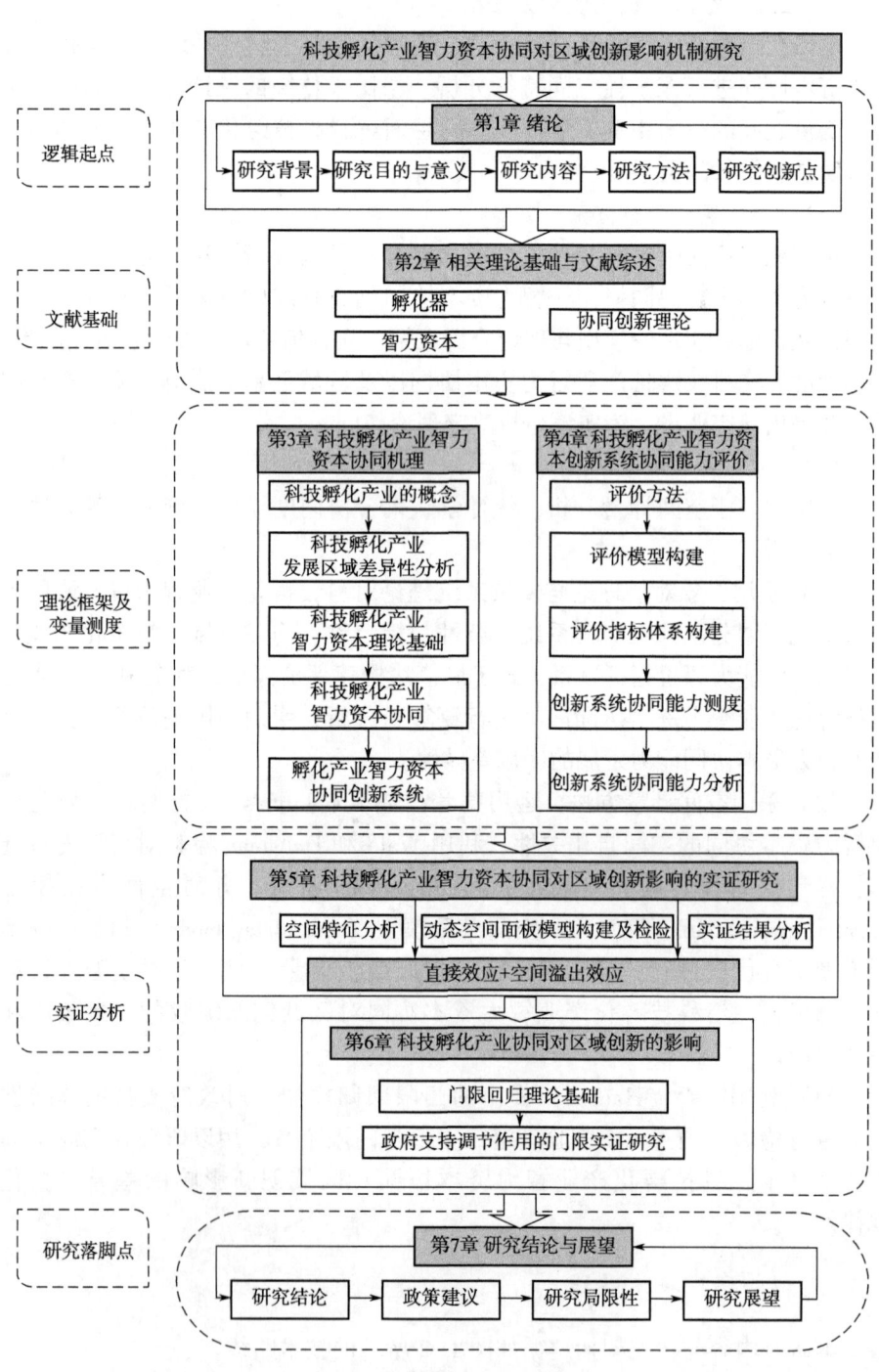

图1-2 本研究技术路线

1.4 研究的创新点

本研究从选题到构建与评价科技孵化产业智力资本协同评价指标体系，建立空间计量模型并进行实证检验，建立门限回归模型对政府支持非线性作用的检验，提出最终相关政策建议，都具有较强的创新性，体现了本研究对时事热点以及实践领域热点的诉求，进一步将理论与实践需求相结合。与现有研究成果相比，本研究可能的创新点主要体现在四个方面。

(1) 将"科技孵化产业"上升为研究对象，将其与智力资本概念相结合，采用科技孵化产业智力资本"H-S-R"三维度结构，构建科技孵化产业智力资本协同创新系统，为科技孵化产业内部协同过程提出全新解释，拓宽了孵化产业与智力资本研究的内容。现阶段，国内外对孵化器的研究主要集中在单个孵化器以及在孵企业，本研究在总结前人研究成果的基础上，摆脱对单个孵化器研究的现状，将一定地理范围内科技孵化器企业的总和——科技孵化产业作为主要研究内容，对科技孵化产业内部机制进行探讨；智力资本资源作为创新管理的重要内容，把蕴含在科技孵化产业中各个维度的知识转化为组织知识，进而将组织知识融入创新氛围中，对科技孵化产业活动中战略价值链构造、提升核心竞争力和创新绩效具有非常重要的意义，但却鲜有学者将其与科技孵化产业相结合进行研究。因此，本研究探索性地将智力资本概念与科技孵化产业相结合，采用科技孵化产业"H-S-R"三维结构，对智力资本协同过程进行透视，构建科技孵化产业智力资本协同系统模型，深化对科技孵化产业及其智力资本的认识，丰富了现有的与孵化器相关的理论研究。

(2) 依据二象对偶理论与复杂系统理论划分科技孵化产业智力资本协同创新系统，运用熵值法首次对省域科技孵化产业智力资本协同能力进行评价，注重对科技孵化产业区域发展差异的研究。科技孵化产业智力资本创新系统是协同变化的动态系统，具有二象特征。本研究基于二象对偶理论，将科技孵化产业智力资本协同创新系统划分为状态子系统和过程子系统；基于复杂系统理论阐述科技孵化产业智力资本协同创新系统内部知识流动与协同机理并提出评价指标体系。运用熵值法理论，构建科技孵化产业智力资本协同创新能力评价模型，首次创新性地对全国范围内31个省份的协同创新能力进行测算与评价，探究科技孵化产业智力资本系统协同创新能力的影响因素、动力机制与区域差异性。

(3) 从空间计量视角切入，加入动态效应，构建动态空间杜宾模型，实证分析科技孵化产业智力资本协同对区域创新绩效的直接效应和溢出效应，具有研究视角的独特性。新经济地理理论证明，技术创新应具有明显的空间溢出效应，现有研究忽略了科技孵化产业的地理空间因素潜在的空间相关性与联动性，忽视了科技孵化产业的空间异质性因素对区域创新的影响，并未对科技孵化产业智力资本协同的空间特征进行探索。本研究考虑科技孵化产业智力资本对区域创新影响的空间因素，将区域间的地理距离纳入分析框架，构建空间权重矩阵，深入分析空间因素影响下，科技孵化产业智力资本协同对区域创新的直接效应与间接溢出效应，探究区域之间科技孵化产业智力资本协同创新能力的地区差异、空间关联程度及对区域创新绩效的影响。提出假设并验证了科技孵化产业智力资本协同对本地区和邻近地区区域创新均产生显著正向影响，丰富了孵化器实证研究的内容、方法和结果。

（4）建立门限回归模型，进一步考察政府支持对区域创新绩效影响的非线性效应，得到政府支持作用发挥的最优区间，丰富了政府支持与区域创新的研究体系。不同于以往研究中将科技孵化产业对区域创新的影响视为简单的线性作用，本研究进一步考察了政府支持对区域创新绩效的具体影响程度。通过建立门限回归模型，深入剖析不同强度的政府支持的门限作用，找到其发挥作用的最优区间，为后续政策建议的提出奠定基础，丰富了政府支持与区域创新的研究内容。

2 相关理论基础与文献综述

相关理论基础与文献综述是研究开展的理论根据与宝贵财富。本章从协同创新理论、区域创新理论、孵化器理论与智力资本理论四个方面进行理论回顾与文献综述。首先，对协同创新的研究进行梳理，并在此基础上进一步对产业集聚协同创新理论进行回顾并梳理；其次，对区域创新相关研究内容进行回顾，重点是对区域创新绩效研究的综述；再次，对主要研究内容——孵化器与科技孵化产业相关研究进行综述；最后，探索国内外对智力资本研究的现状，为科技孵化产业与智力资本概念的结合奠定基础，为进一步研究提供思路。

2.1 协同创新理论与文献综述

2.1.1 协同创新相关研究

协同创新成为重要的研究领域，也是构建国家创新体系与区域创新体系的题中之意。协同创新的研究通常与创新系统、创新网络、产业、国家、区域等研究内容相结合，是研究的中心与重心。因此，本章在对协同创新内涵综述的基础上，梳理其研究维度，还原研究全貌，为下文研究做铺垫。

2.1.1.1 协同创新的内涵

2006年，P. Gloor 首次提出协同创新的概念，并指出协同创新是团队或组织通过交流合作与反馈不断实现集体目标与愿景的过程[①]。在此之后，国内外学者不断对协同创新内涵进行探讨，并主要从两方面对协同创新进行定义。第一，基于创新网络的视角。学者认为，协同创新是由创新资源形成网络，复杂网络进行扩张的动态过程。赵立雨提出，协同创新的核心为价值增值，是整合政产学研及中介机构的创新组织模式，并对技术创新网络的扩张模型、

---

① GLOOR P A. Swarm creativity: competitive advantage through collaborative innovation networks [M]. Oxford University Press, 2006.

机制、策略与建议进行了研究①；刘丹和闫长乐基于生态理论与网络特性，对协同创新系统构造和运行机理进行剖析，认为协同创新网络取决于自组织与政府主导。第二，基于参与主体或影响因素的研究。参与主体定义协同创新的观点是指协同创新是由两个或两个以上的主体参与，通过组织或企业内部创新要素的支撑，建立协同机制，实现协同效应②。Jianhua 等提出协同创新是以价值为导向的大跨度集成创新组织模式，以产业、政府、高校、科研机构为主体，进行线性科技创新③。

2.1.1.2 协同创新研究的内容

De Massis 等提出协同创新正变得日益重要，使公司能够解决资源限制，并能利用其他组织的知识增强自身创新潜力④。国内外协同创新相关研究除了对其进行定义之外，还包括对协同创新动力机制、实现途径、积极作用的研究。具体研究成果如表 2-1 所示。

表 2-1　协同创新研究的内容

研究方面	主要观点
协同创新动力机制	内在动力机制，外在动力机制
协同创新实现路径	对协同创新模式的研究，对协同创新机制的研究，对协同过程的研究，对协同创新影响因素的研究
协同创新的积极作用	企业层面的财务绩效，开放式创新范式的扩散，联合专利和技术等

资料来源：作者整理。

（1）协同创新动力机制研究。何郁冰指出，协同创新的主要影响因素为组织内部分配机制，组织间、组织内部的关系，环境的不确定性等⑤。Grotenbreg 等重点对政府在协同关系中的作用进行研究，提出政府在协同创新中具有重要性，政府支持发挥作用的方式在发生改变，即地方创新政策越来越重要；政府越来越多地选择自下而上、量身定做的方法支持特定的创新；公共

---

① 赵立雨. 基于协同创新的技术创新网络扩张研究 [J]. 科技进步与对策，2012，29（22）：11-14.

② 刘丹，闫长乐. 协同创新网络结构与机理研究 [J]. 管理世界，2013（12）：1-4.

③ JIANHUA L, JUNMIN P, ZHAOHUA J. Promoting strategy of new energy vehicles collaborative innovation: the case study of Yutong [J]. Procedia engineering，2017（174）：1009-1015.

④ DE MASSIS A, AUDRETSCH D, UHLANER L, et al. Innovation with limited resources: management lessons from the german mittelstand [J]. Journal of product innovation management，2018，35（1）：125-146.

⑤ 何郁冰. 产学研协同创新的理论模式 [J]. 科学学研究，2012，30（2）：165-174.

和私人行为者之间有更多的合作①。

（2）协同创新实现路径的研究。陈劲等在对协同要素的关系进行分析的基础上，从技术和市场两个方面提出了协同管理分析框架②。

（3）协同创新积极影响体现在能够通过联合专利和发明来开发和改进新产品③；反映在企业层面的财务绩效，如净收入、盈利能力、销售、增长和市场份额④；开放式创新服务范式的扩散。

此外，F. Feranita，J. Kotlar 等根据 Pfeffer 及 Salancik 的研究⑤，从战略论、交易论以及关系论三方面对协同创新的理论基础进行了整理。其中战略论回答了企业如何通过协同创新获得外部资源，其产出为知识的转移，主要基于知识吸收理论、资源基础观以及动态能力理论对企业通过协同创新、获得资源、协同管理能力、知识、组织学习、对创新输入的搜寻进行研究；交易论回答了企业如何对协同创新的关系进行控制，主要产出为协同绩效，基于博弈论以及成本交易理论对多样性战略组合、道德风险、创新绩效、合作成本、财务绩效、创新绩效、治理模式、机会主义行为等进行研究；关系论回答了如何构建协同创新网络的问题，基于网络嵌入、网络中心度、社会网络理论、社会理论、社会交换理论、社会资本以及结构洞等理论对协同中的文化差异以及地理距离造成的障碍、沟通方式、伙伴的选择、信任等进行了研究⑥。

协同创新的研究在初期主要集中于企业、组织等微观层面，随着研究的深入，研究主要聚焦在区域协同创新（邵汉华，钟琪⑦）、产业协同创新（王

---

① GROTENBREG S, BUUREN A V. Realizing innovative public waterworks: Aligning administrative capacities in collaborative innovation processes [J]. Journal of Cleaner Production, 2018, 171: S45-S55.

② 陈劲，王方瑞. 突破全面创新：技术和市场协同创新管理研究 [J]. 科学学研究, 2005 (S1): 249-254.

③ HOANG H, ROTHAERMEL F T. The effect of general and partner-specific alliance experience on joint R & D project performance [J]. Academy of management journal, 2005, 48 (2): 332-345.

④ LAHIRI N, NARAYANAN S. Vertical integration, innovation, and alliance portfolio size: implications for firm performance [J]. Strategic management journal, 2013, 34 (9): 1042-1064.

⑤ PFEFFER J, SALANCIK G R. The external control of organizations: a resource dependence perspective [M]. Stanford University Press, 2003.

⑥ FERANITA F, KOTLAR J, DE MASSIS A. Collaborative innovation in family firms: past research, current debates and agenda for future research [J]. Journal of family business strategy, 2017, 8 (3): 137-156.

⑦ 邵汉华，钟琪. 研发要素空间流动与区域协同创新效率 [J]. 软科学, 2018, 32 (11): 120-123, 129.

欢芳，张幸等①)、区域创新系统（苏屹，安晓丽等②；李晓娣，张小燕③）以及国家创新系统（王开阳，沈华等④）等中观与宏观层面。

2.1.2 产业集聚协同创新相关研究

从协同创新研究维度可以看出，建设创新型国家发展战略的提出，国家创新体系建设成为重中之重，由于产业支撑国家经济发展，产业创新则是国家技术创新的重要来源，因此对产业集聚协同创新的研究又成为协同创新研究的前沿与重点。全利平提出，产业集聚的协同创新至关重要。产业集群协同创新的研究主要集中在产业集群内部产学研协同创新，产业集群内部与产业集群外部主体或环境之间的协同，产业集群协同创新的演化过程以及产业集聚协同创新绩效四个方面⑤。

2.1.2.1 对产业集群内部协同关系的研究

关于内部协同关系的研究，国内外学者分别从产业集聚协同创新内涵（杨平宇，陈建军⑥；Hall⑦)、协同机制（陈劲等⑧)、协同模式（邓锐，徐飞⑨）等方面进行研究。

2.1.2.2 对产业集群内外部与环境互动关系的研究

现有研究主要聚焦于外部环境对产业集群协同创新的影响。高沫丽对北京市高新技术产业集聚协同创新能力进行了分析，结合系统论构建了高新技术产业协同创新系统模型，并指出产业集群协同创新不仅包括内部资源因子，

---

① 王欢芳，张幸，宾厚，等. 共享经济背景下战略性新兴产业协同创新机制研究 [J]. 科学管理研究，2018，36（4）：28-31.

② 苏屹，安晓丽，雷家骕. 基于耦合度门限回归分析的区域创新系统 R&D 投入对创新绩效的影响 [J]. 系统管理学报，2018，27（4）：729-738.

③ 李晓娣，张小燕. 区域创新生态系统对区域创新绩效的影响机制研究 [J]. 预测，2018，37（5）：22-28，55.

④ 王开阳，沈华，陈锐. 国家创新系统中的连接性政策：概念与应用 [J]. 科学学研究，2018，36（3）：418-424，445.

⑤ 全利平，蒋晓阳. 协同创新网络组织实现创新协同的路径选择 [J]. 科技进步与对策，2011，28（09）：15-19.

⑥ 杨平宇，陈建军. 产业集聚、绿色发展与治理体系研究：基于浙南产业集聚区的调查 [J]. 经济体制改革，2018（05）：93-100.

⑦ HALL C M. Urban entrepreneurship, corporate interests and sports mega-events: the thin policies of competitiveness within the hard outcomes of neoliberalism [J]. The sociological review, 2006, 54 (s2): 59-70.

⑧ 陈劲，杨晓惠，郑贤榕，等. 知识集聚：科技服务业产学研战略联盟模式：基于网新集团的案例分析 [J]. 高等工程教育研究，2009（4）：31-36.

⑨ 邓锐，徐飞. 产学研联盟动因和形成机理的博弈分析 [J]. 上海管理科学，2007（3）：10-12.

还包括外部环境因子①；胡恩华等提出，外部技术环境、政策环境以及科研环境都会对产业集群协同创新能力产生影响，集群内部通过与集群外部进行物质、信息和能量的交换实现协同作用②③。

2.1.2.3 对产业集群协同创新演化的研究

协同演化的研究主要包括对协同模式与协同过程等方面的研究。其中，胡雅蓓对现代服务业产业集群协同创新网络模式进行了分析，指出其是由多元创新主体为网络节点、协同创新机制作为网络连接，产业集聚作为载体的创新系统④；严建援，甄杰等基于产业集聚与协同创新理论提出了产业集聚协同创新资源集聚的路径与模式，即以知识链为路径的平台集聚模式和以价值链为路径的链式集聚模式⑤；王庆金和侯英津提出，文化创意产业链纵向延伸、横向延伸以及价值链、创新链与资金链"三链融合"的协同创新演化路径⑥。

2.1.2.4 产业集聚协同创新绩效实证研究

Capello采用实证分析方法证实产业集群协同创新的主要方式为集群内单个组织或企业创新能力，以及组织或企业之间技术或成果的扩散⑦。

2.1.3 协同创新理论研究简要述评

综述表明，初期，国内外学者主要聚焦于微观层面协同创新的研究，即从企业层面对企业协同创新的内涵、协同内外部机制、协同模式、协同影响因素以及协同创新的积极作用进行研究。其中，协同创新的定义承认了政府、企业、产业、高校、科研机构以及中介机构等主体在协同创新中具有重要地位，它们是协同创新异质性资源的主要来源。随着研究的深入，国家政策、创新环境、产业政策的变化，协同创新的研究逐渐向中观和宏观层面推进。其中对产业集聚协同创新的研究逐渐成为协同创新研究的热点。研究主要集

---

① 高沫丽. 北京市高新技术产业集群创新模式研究 [D]. 北京：中国地质大学，2007.
② 胡恩华，刘洪. 基于复杂适应系统的企业集群创新行为研究 [J]. 中国科技论坛，2007（1）：65-68，72.
③ 胡恩华，刘洪. 基于协同创新的集群创新企业与群外环境关系研究 [J]. 科学管理研究，2007（3）：23-26.
④ 胡雅蓓. 现代服务业集群创新网络模式研究：以江苏百家省级现代服务业集聚区为例 [J]. 华东经济管理，2014，28（2）：5-9.
⑤ 严建援，甄杰，董坤祥，等. 区域协同发展下创新资源集聚路径和模式研究：以天津市为例 [J]. 华东经济管理，2016，30（07）：1-7，193.
⑥ 王庆金，侯英津. 文化创意产业集聚演化路径及发展策略 [J]. 财经问题研究，2015（2）：33-37.
⑦ CAPELLO, ROBERTA. Spatial transfer of knowledge in high technology milieux: learning versus collective learning processes [J]. Regional studies, 1999, 33（4）：353-365.

中在产业集群内部产学研协同创新、产业集群内部与产业集群外部主体或环境之间的协同，产业集群协同创新的演化过程以及产业集聚协同创新绩效四个方面，研究对象涉及高技术产业、海洋产业、创意产业等。有国内外学者也逐渐对协同创新主体进行单方面更为深入的研究。如政府支持在协同产业中应该扮演的角色以及作用区间，政府支持的重要作用在协同创新过程中逐渐显现。

本研究在综合国内外研究的基础上，将协同创新定义为，在内部创新技术需求，外部环境不确定性、面对激烈竞争、消费者需求等环境下，依靠企业、产业或组织系统或网络内部的政府、产业、高校、科研机构，或其他中介服务机构等主体提供的异质性资源进行知识、信息、技术的交换，主体之间成果利益共享、风险共担，进行的协作创新行为与过程。

2.2　区域创新理论基础与文献综述

区域创新研究在20年中得到了极大的发展。区域创新研究认为，创新是一个过程，其核心思想是区域创新绩效不仅取决于企业和公共部门的组织所积累的知识，同时也取决于不同组织之间在生产和传播相互影响的方式以及知识产生和扩散的环境。区域创新为区域创新体系建设及国家创新型战略的实现提供全面支撑，因此有必要对区域创新相关理论与研究进展进行全面综述。

2.2.1　区域创新理论基础

创新理论、系统理论与网络理论构成了区域创新理论的基础，区域创新系统和区域创新网络研究成为区域创新研究的重要组成部分。

（1）创新理论与系统理论结合的研究，为区域创新研究奠定了基础。系统论是把研究对象看作一个系统，采用数学方法，对系统的功能、结构、要素、环境等相互关系和变化规律进行研究的理论。在系统论发展的基础上，学者加入创新论的概念，用创新系统解释经济增长的原因。随后，学者将创新系统与地理空间因素相结合，提出了国家创新系统的概念，从而将创新系统研究从微观企业与组织层面转移到宏观国家层面。由于国家系统内存在较大的区域差异，区域创新系统的研究应运而生。

（2）创新理论与网络理论紧密结合，推动了区域创新的研究。网络理论是研究各个创新主体在长期的相互联系和相互作用下形成的相对稳定的合作结构。网络内的主体和组织能够更好地适应不断变化的技术和市场环境，从而更好地进行生产性服务。张发余指出，网络的形成不取决于单个因素，而是内外部因素共同作用的结果，网络是一种有效资源配置方式①。创新网络的形成有助于高效整合内外部资源，满足资源融合和创新需求。在创新网络研究的基础上，学者们加入对空间地理因素的考量，对区域创新网络进一步研究。苏屹等指出，区域创新网络是在地理空间范围内具有相互分工但又相互联系的企业、组织、高校、研究机构与中介机构等构成的区域性创新体②。

（3）"区域"一词强调了地理空间范围的概念，由于中国幅员辽阔，地区之间受社会、经济和文化等因素影响存在较大差异，导致不同地区间的区域创新能力和绩效存在差异。这种区域创新的地区差异性源于三个方面：第一，区域治理模式的差异。各地区地方政府在地方治理中存在一定的自主权，地方政府根据区域发展能力和特色，制定不同制度、采用不同治理模式因地制宜地进行区域创新活动。第二，区域经济发展水平与区域产业结构的差异。区域经济发展水平为区域创新的开展提供经济基础，而产业结构和产业规模决定区域创新的方向。第三，区域内产业集聚与产业集群的差异。区域内产业集聚，为区域创新积聚了科技力量，有利于发挥科技创新主体的合力；马歇尔提出产业集群是区域创新体系构建的重要模式；波特在产业集群理论中指出，创新型企业或产业在空间范围内的分布构成了区域创新的常态。区域内有竞争合作关系的供应商、生产商和服务商等，通过集群方式构成区域创新的价值增值链条。产业集群内部通过资本的原始积累演化成区域创新网络，为区域创新的开展提供资源基础。产业集群理论的研究与发展同样为后续区域创新研究的开展奠定了基础。

2.2.2 区域创新相关研究

国内外区域创新相关文献表明，区域创新的研究主要集中在如下方面：区域创新内涵研究；区域创新基础即对区域创新主体、区域创新机制、区域创新模式、区域创新分类等方面的研究；区域创新实证研究以及区域创新研究新趋势等。

2.2.2.1 区域创新内涵研究

从国内外区域创新研究文献看，主要分为狭义区域创新和广义区域创新。狭义的区域创新指区域内部创新主体协作，产出科技成果的过程。而广义的区域创新不再局限于区域系统内部，重点是区域创新带来的科技进步，带动

---

① 张发余. 试论我国转型时期的区域创新 [J]. 广西社会科学，2001（2）：61-63.
② 苏屹，安晓丽，雷家骕. 基于耦合度门限回归分析的区域创新系统 R&D 投入对创新绩效的影响 [J]. 系统管理学报，2018，27（4）：729-738.

区域社会、经济、生态、文化等方面的效应,以区域创新改善区域发展水平和发展结构。袁旭梅、张旭等提出了高新技术产业区域创新是指通过各地区之间的创新能力与创新资源的整合和流动,实现优势互补,进而产生科技知识与新产品、新工艺的协同效应①。王聪、周立群等从网络论出发,将区域创新网络定义为区域人才聚集形成的复杂组合②。Cooke 对区域创新体系进行的研究着重将区域作为创新主体③。Braczyk、Heidenrenich 首次提出区域创新体系的概念,认为创新体系包括企业、高校、科研院所等主体在一定地理空间内进行有效分工与合作,组成良好的组织并实现创新④。

2.2.2.2 区域创新基础内容研究

区域创新基础内容主要包含对区域创新主体、机制、模式与分类等的研究。在创新主体方面,学者将区域创新主体划分为产学研、产业联盟以及产业集群三种主要组织形式。早期研究热点为区域产学研创新,近年来产业集群的创新逐渐成为研究热点。Nesta 等对产学研创新的动机进行了研究⑤;王玉梅提出联盟创新是指区域内创新联盟内主体发生协同作用形成协同网络的过程⑥。在区域创新模式与分类方面,崔新健、崔志新将区域创新模式分为战略联盟、三螺旋、创新网络和开放式创新 4 种模式⑦;Cooke 基于治理维度和创新维度将区域创新系统进行分类⑧;傅利平、王向华等在 Cooke 研究的基础上,基于区域创新主体和驱动力量,区域创新可持续发展潜力,区域创新存在的壁垒,区域创新网络的内生性与外生性等不同维度,对区域协同创新进行了分类⑨;Asheim、Coene 基于根植性的概念将区域创新系统划分为区域性

---

① 袁旭梅,张旭,王亚娜. 中国高新技术产业区域协同创新能力评价与分类 [J]. 中国科技论坛,2018 (9):13-21.

② 王聪,周立群,朱先奇,刘卉. 基于人才聚集效应的区域协同创新网络研究 [J]. 科研管理,2017,38 (11):27-37.

③ COOKE P. The experiences of wales and baden württemberg [J]. Review of international political economy,1999,4 (2):349-381.

④ BRACZYK H, HEIDENREICH M. Regional governance structures in a globalized world [M]. London:UCL Press,1998.

⑤ NESTA L. Firm knowledge and market value in biotechnology [J]. Industrial and corporate change,2006,15 (4):625-652.

⑥ 王玉梅. 基于动力学的组织知识创新联盟网络协同发展评价研究 [J]. 科学学与科学技术管理,2010,31 (10):119-124,191.

⑦ 崔新健,崔志新. 区域创新体系协同发展模式及其政府角色 [J]. 中国科技论坛,2015 (10):86-91.

⑧ COOKE P, URANGA M G, ETXEBARRIA G. Regional systems of innovation:an evolutionary perspective [J]. Environment & planning a,1998,30 (9):1563-1584.

⑨ 傅利平,王向华,王明海. 区域创新系统研究综述 [J]. 生态与农村环境学报,2011,27 (6):8-13.

国家创新系统、区域嵌入型创新系统以及区域网络型创新系统①。在区域创新机制方面，从网络观与生态学系统观出发，区域创新网络和区域创新生态系统成为主要研究内容。吕国庆和曾刚等从微观、中观、宏观三个层面对区域创新网络进行解析，并从地理邻近性、关系邻近性和认知邻近性三方面对创新流动的空间过程产生机制进行了探讨②；李晓娣、张小燕提出区域创新生态系统是创新管理领域的研究热点问题，并对区域创新生态系统的构成要素、作用机制、开放性及其对创新绩效的影响机制进行剖析与实证研究③。

2.2.2.3　区域创新绩效研究

区域创新绩效一般通过实证方法进行检验，区域创新的实证研究是区域创新研究的重点部分，实证研究拓宽了区域创新的研究内容与研究思路。随着创新活动的不断扩展与补充，区域创新的研究外延也在不断扩大。现有实证研究内容主要针对区域创新系统、区域创新绩效等内容，包括采用构建指标体系的方法对区域创新系统进行评价，比较两个及两个以上的创新系统并探讨发展差异及成因，区域创新影响因素及影响机制的实证检验等。实证检验研究主要聚焦于区域创新网络与交互式学习、区域创新空间相关性、区域创新环境与政策、区域创新可持续发展研究等，区域创新空间相关性研究主要集中于对区域创新影响因素的空间分布、空间关联与空间溢出效应。具体研究内容如表 2-2 所示。

在区域创新绩效研究方面：国内外研究采用不同指标对区域创新绩效进行衡量，并未形成统一标准。靳巧花、严太华等采用专利授权量或者专利申请量对区域创新绩效进行衡量④；苏屹等认为，专利申请量只能表示创新主体对于创新的努力程度，而新产品产值能够反映创新产品的市场接受程度，反映新产品的市场价值，因此应选用新产品产值对区域创新绩效进行衡量⑤；于明洁、郭鹏等从创新效率和创新效果两方面构建区域创新绩效评价指标体系⑥；

---

① ASHEIM B, COENEN L. Knowledge bases and regional innovation systems: comparing nordic clusters [J]. Research policy, 2005, 34 (8): 1173-1190.

② 吕国庆, 曾刚, 顾娜娜. 经济地理学视角下区域创新网络的研究综述 [J]. 经济地理, 2014, 34 (2): 1-8.

③ 李晓娣, 张小燕. 区域创新生态系统对区域创新绩效的影响机制研究 [J]. 预测, 2018, 37 (5): 22-28, 55.

④ 靳巧花, 严太华. 自主研发与区域创新能力关系研究: 基于知识产权保护的动态门限效应 [J]. 科学学与科学技术管理, 2017, 38 (2): 148-157.

⑤ 苏屹, 安晓丽, 雷家骕. 基于耦合度门限回归分析的区域创新系统 R&D 投入对创新绩效的影响 [J]. 系统管理学报, 2018, 27 (4): 729-738.

⑥ 于明洁, 郭鹏, 张果. 区域创新网络结构对区域创新效率的影响研究 [J]. 科学学与科学技术管理, 2013, 34 (8): 56-63.

白俊红等采用创新投入和创新产出指标对创新绩效进行衡量[①]；王栋、赵志宏等认为，区域创新分为渐进式创新和突破式创新，包括技术研发和成果转化两部分，应选用科技研发效率、成果转化效率和综合创新效率三方面进行衡量[②]。

表 2-2 区域创新实证研究

	学者	研究内容
区域创新能力评价	尹彦[③]	借助成熟度理论，基于四螺旋模型构建区域创新能力评估模型
	李美娟、魏寅坤等[④]	基于灰靶理论的动态评价方法，构建区域创新能力评估模型
	徐林明、孙秋碧等[⑤]	基于 Borda 法的动态组合评价方法构建区域创新能力评估模型
区域创新网络与交互式学习	Muller、Zenker[⑥]	采用问卷调查方法提出区域创新系统中知识生产、转化和传播是知识创新的关键，中小企业与知识密集型企业的交互式学习是知识创新的促进因素
	薛捷[⑦]	对区域中交互式学习的组成和结构进行了实证检验
区域创新空间相关性	焦翠红、陈钰芬[⑧]	运用空间计量方法对 R&D 活动的空间关联及其对区域 TFP 增长的作用进行探讨
	邵汉华、钟琪[⑨]	采用 DEA、空间计量与门限回归方法对要素空间流动与区域创新效率进行实证研究

---

① 白俊红，蒋伏心．协同创新、空间关联与区域创新绩效［J］．经济研究，2015，50（7）：174-187.

② 王栋，赵志宏．金融科技发展对区域创新绩效的作用研究［J］．科学学研究，2019，37（1）：45-56.

③ 尹彦．区域协同创新能力成熟度评价［J］．统计与决策，2017（4）：62-66.

④ 李美娟，魏寅坤，徐林明．基于灰靶理论的区域协同创新能力动态评价与分析［J］．科学学与科学技术管理，2017，38（08）：122-132.

⑤ 徐林明，孙秋碧，李美娟，等．区域协同创新能力的动态组合评价［J］．统计与决策，2017（9）：68-70.

⑥ MULLER E, ZENKER A. Business services as actors of knowledge transformation and diffusion：some empirical findings on the role of KIBS in regional and national innovation systems［J］. Firms and region，2001，30（9）：1501-1516.

⑦ 薛捷．区域创新中企业的交互式学习及其组成结构研究［J］．科研管理，2010，31（1）：116-125.

⑧ 焦翠红，陈钰芬．R&D 资源配置、空间关联与区域全要素生产率提升［J］．科学学研究，2018，36（1）：81-92.

⑨ 邵汉华，钟琪．研发要素空间流动与区域协同创新效率［J］．软科学，2018，32（11）：120-123，129.

续表

	学者	研究内容
区域创新环境与政策	Kaufmann、Franz[①]	以欧洲14个区域为研究对象，比较各区域创新政策对中小企业创新的影响
	李玲、陶厚永[②]	对全国31个省份包容性创新环境进行测度，并验证其对区域创新的影响
区域创新可持续发展	彭灿[③]	提出应基于可持续发展的要求，结合技术创新和制度创新的内在规律和相互关系，构建区域创新系统

2.2.2.4 跨区域创新研究

跨区域创新研究成为区域创新研究的前沿与趋势。在跨区域创新内涵与作用方面，部分学者认为，区域创新发生作用的范围不是狭义上的区域，应该包含对特定城市群、高新区或邻近地区[④]。龙开元认为，跨区域研究是跨越行政区划的政府、企业、高校、科研机构以及中介机构等不同创新机构发生相互作用的行为和过程[⑤]。王鹏认为，跨区域创新有利于打破行政区域壁垒、整合多种资源、降低交易成本[⑥]。Gumbau等认为，跨区域创新源于资源、知识和技术的迁移与溢出[⑦]。总结国内外学者的观点，即跨区域系统创新源于微观上创新要素的空间流动与溢出，宏观上地理位置的邻近性，从而产生相互作用。利益驱动、系统演进、政策推动以及区位选择成为推动跨区域创新的主要动力机制。在跨区域创新实证研究方面，研究多集中于苏浙沪、京津冀以及珠三角等区域以及跨区域竞争博弈分析等方法。学者多采用空间计量视角对创新与邻近区域的溢出效应进行实证检验[⑧]。

---

① KAUFMANN A, FRANZ T. Science-industry interaction in the process of innovation: the importance of boundary-crossing between systems [J]. Research policy, 2011, 30 (5): 791-804.

② 李玲，陶厚永. 包容性创新环境对区域创新绩效的影响 [J]. 科技进步与对策, 2018, 35 (19): 31-37.

③ 彭灿. 面向可持续发展的区域创新系统：概念、功能与特性 [J]. 中国科技论坛, 2002 (3): 76-80.

④ SCHILLING M A, PHELPS C C. Interfirm collaboration networks: the impact of large-scale network structure on firm innovation, management science [J]. Management science, 2007, 53 (7): 1113-1126.

⑤ 龙开元. 跨行政区创新体系建设初探 [J]. 中国科技论坛, 2004 (6): 50-54.

⑥ 王鹏. 粤港澳跨行政区域创新系统的创新模式及构建策略 [J]. 中国科技论坛, 2009 (1): 41-45.

⑦ GUMBAU-ALBERT G, MERCEDES, MAUDOS, et al. Patents, technological inputs and spillovers among regions [J]. Applied economics, 2009, 41 (12): 1473-1486.

⑧ ASHEIM B T, GERTLER M S. The geography of innovation: regional innovation systems [M]. Oxford: Oxford University Press, 2005.

2.2.3 区域创新研究述评

创新理论、系统理论和网络理论的发展为区域创新的研究奠定了理论基础。区域创新系统和区域创新网络研究是区域创新研究的重要组成部分。产业集聚理论解释了区域创新差异产生的原因。区域创新是实现区域经济发展、社会资源优化配置的一种方式,强调区域范围内创新行为主体通过知识、信息、技术、资本、人才等资源流动、交换和转移等达到相互促进、合作和高效配置的目的,实现科技产出。

区域创新研究内容主要聚焦于区域创新内涵、主体、创新机制、创新模式、创新分类、实证研究以及研究新趋势等。实证研究主要集中于区域创新能力评价、绩效评价、创新环境与政策、空间相关性与可持续发展等。其中对区域创新绩效的研究成为区域创新研究的重点,而区域创新绩效评价指标有待统一。随着新经济地理理论、开放式创新理论的发展,学者开始重视空间的相关性及邻近区域的研究,即认为区域创新的实现得益于经济与科技活动的集中以及地理的邻近性,考虑空间相关性和异质性的跨区域创新研究成为区域创新研究的前沿。

2.3 孵化器文献综述

由于全球经济增长速度加快,创业活动涌现并变得无边界,国内"大众创业、万众创新"政策的提出与制定,促使创业者创业热情高涨。孵化器作为孵化创业者进行创业的平台得到诸多关注。综合阅读现有文献,国内外对孵化器的研究比较零散,数量不多,暂未形成较好的研究体系,同时论文发表期刊的质量参差不齐。本研究在综合阅读国内外文献的基础上,对孵化器的研究体系与研究内容进行简明地梳理。

2.3.1 孵化器基础概念研究

2.3.1.1 孵化器的概念

孵化器最早起源于美国,因此美国也最早对孵化器开展了相关研究。而孵化器在实践发展中在组织机构、运作方式上带有不同国家和地区的发展特色。孵化器是广义上的名称,在不同的国家,孵化器的名称不尽相同。孵化器在美国被称为企业孵化器(business incubator)、技术孵化器(technology incubator)或科技企业孵化器(technology business incubator),在澳洲被称为孵化中心(incubation center),在欧洲称为创新中心(innovation center),中国沿用美国的名称，采用科技企业孵化器的名称。

对于孵化器内涵的研究分为三个方面：①按照孵化器的组织形式定义：孵化器是社会经济组织形式；②按照孵化器的功能定义：能够对初创企业进行培育，为初创企业提供物理办公空间、融资服务或政策、管理咨询等服务；③按照孵化器的社会经济功能定义：创新异质性资源整合的平台。国内外孵化器内涵的研究文献成果如表2-3所示。

表2-3　国内外关于孵化器内涵的研究

范围	学者和机构	定义
国外研究	国际科技企业孵化器协会[①]	科技企业孵化器为初创企业提供基本办公服务如复印机、传真机等设备，并向其提供网络资源援助，从而提升初创企业创新能力，促进初创企业成长，促进经济多元发展。其服务对象为初创企业，服务方法是通过提供服务提升初创企业经营绩效
国外研究	Mian等[②]	孵化器通过提供强有力的服务包括商业服务、网络、专业服务、大学和资本，帮助初创科技企业生存、扩大规模与成长，支持区域创新和技术导向创业增长，播种和加速创业企业与技术创新
国内研究	丁先[③]	科技企业孵化器是初创企业辅助机构，为企业提供建议、服务，是能够根据需要提供服务的转换中心
国内研究	中国科技部火炬中心	科技企业孵化器能够为初创中小型企业提供物理空间、配套基础服务设施与服务，降低初创型中小企业的创业成本以及风险，提升初创型中小企业的创新成功率，帮助其成长
国内研究	丁坤等[④]	科技企业孵化器是帮助初创企业协调各种所需资源的理想组织

---

① 鲁斯坦，丁亚. 科技企业孵化器 [M]. 上海：上海科学技术文献出版社，2006：47-55.

② MIAN S, LAMINE W, FAYOLLE A. Technology business incubation：an overview of the state of knowledge [J]. Technovation，2015，50 (51)：1-12.

③ 丁先. 科技企业孵化器的起源与发展 [M]. 北京：机械工业出版社，2014：25-36.

④ 丁坤，凌国平. 企业孵化器：国际的经验与我国的发展 [J]. 国际商务研究，2003 (5)：19-24.

续表

范围	学者和机构	定义
国内研究	王红卫，尹红①	科技企业孵化器向在孵企业提供有形资源、无形服务和资源，主要包括场地、资金和管理者在内的内在要素资源以及诸如政策、文化等外部环境资源
	李刚，张玉臣，等②	科技企业孵化器通过网络资源为初创企业提供支撑条件和服务
	刘志迎③	对"众创"的概念和模式进行界定，提出众创的CDM概念模型，讨论众创的来源、特征、分类及实践模式等
	吕波④	虚拟孵化器：网络孵化器

资料来源：作者整理。

综上所述，国内外对科技企业孵化器概念的界定较为全面，对传统孵化器给出了定义，即强调孵化器的资源配置与服务功能，及其对技术成果转化以及扶持新创企业和培养企业家的作用。同时近几年由于创新创业实践的发展，作为创新创业服务提供的平台，孵化器的外延也在发生改变，其中新趋势为创客空间、众创空间及虚拟孵化器等，这些新趋势也成为科技企业孵化器研究和实践的重点与前沿。

2.3.1.2 孵化器的功能

国内外学者对科技企业孵化器的功能和所提供的服务进行了比较深入的研究，取得了一定成果。根据研究成果总结科技企业孵化器服务功能如图2-1所示。

美国孵化器协会和OECD提出科技企业孵化器服务具有空间与企业规划、管理与技术支持、知识产权保护、财务与法律问题咨询与关系网络构建等功能；Singh等认为，科技企业孵化器能够孕育新兴中小型企业，促进新技术开

---

① 王红卫，尹红. 孵化器服务评价：来自深圳市高科技孵化企业的观点 [J]. 软科学，2009，23（3）：28-31+36.

② 李刚，张玉臣，李姚矿. 我国创业服务中心的困境及对策 [J]. 中国软科学，2001（8）：58-61.

③ 刘志迎，陈青祥，徐毅. 众创的概念模型及其理论解析 [J]. 科学学与科学技术管理，2015，36（2）：52-61.

④ 吕波. 虚拟创业孵化器有效刺激变量研究：基于CAS模型与统计对比数据 [J]. 科技进步与对策，2018，35（2）：17-25.

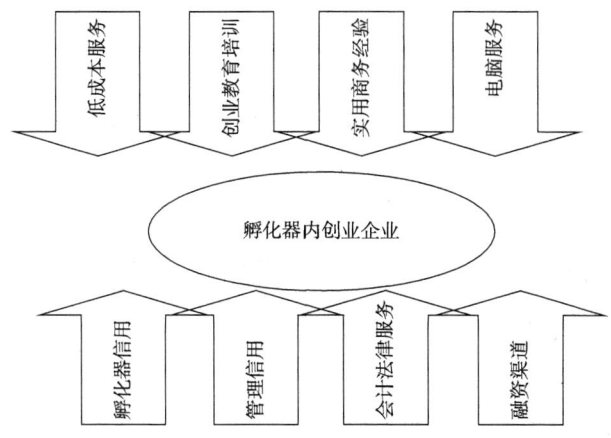

图 2-1　孵化器服务功能

发,吸引创业投资者,形成地方产业集群[①];我国国务院发展研究中心钱平凡等提出,科技企业孵化器具有共享空间、共享服务、被孵化企业、孵化器管理人员以及根植在孵化器中的对被孵企业的优惠政策[②]。

2.3.1.3　孵化器的类型

国内外学者从不同视角对科技企业孵化器进行了分类,比较有代表性的研究如表 2-4 所示。

表 2-4　国内外关于孵化器分类的研究

学者	孵化器分类
Smilor[③]	大学、私人型、公司型科技企业孵化器和社区团体支持型
Allen,MC[④]	可供选择的房地产类型、非营利性企业培育类型、大学资助类型和盈利种子基金类型
罗斯顿·拉卡卡[⑤]	全功能服务孵化器、虚拟孵化器、内部孵化器、专用孵化器、中小企业发展中心

---

① SINGH R P, JAIN R K. Improving local economies through technology transfer: utilising incubators to facilitate cluster development [J]. International journal of technology transfer and commercialisation, 2003, 2 (3): 249-262.

② 钱平凡,李志能. 孵化器运作的国际经验与我国孵化器产业的发展对策 [J]. 管理世界, 2000 (6): 78-84.

③ SMILOR R W. Technology through new business incubators [J]. Research management, 1987, 30 (5): 1-36.

④ ALLEN D N, MC C. Services, and performance in the business incubator industry [J]. Entrepreneurship. Theory and practice, 1990, 15 (2): 61-77.

⑤ 罗斯顿·拉卡卡. 经济发展中的企业孵化器 [M]. 天津:天津科技翻译出版公司, 1997.

续表

学者	孵化器分类
Sherman[①]	产品开发、产品制造、混合型科技企业孵化器
林强、姜彦福[②]	综合、专业、技术、专业人员、国际孵化器、虚拟孵化器、企业集团或投资集团孵化器
赵黎明，朱禾申等[③]	营利型与非营利型；非营利型企业孵化器分为高新技术企业孵化器、留学生创业园、中小企业孵化器、专业孵化器等

资料来源：作者整理。

2.3.2 孵化器相关研究

国外对科技企业孵化器的研究比较注重直接实用性。国内学者最早对孵化器的研究始于对国外孵化器成功经验的介绍，后来循着孵化器的发展历程逐渐出现国内外孵化器比较研究、政府支持作用研究、绩效评价研究、孵化网络研究等。综合阅读现有国内外文献，并进行归类，国内外学者主要从微观层面——孵化器、在孵企业（创客）、孵化器与在孵企业的互动、孵化器产业四重视角对孵化进行研究。

2.3.2.1 孵化器

以孵化器为研究对象，针对孵化器特性进行研究，其中包括孵化器的定义、绩效评估标准、价值增加与孵化成功影响因素、孵化过程、运行模式、资源匹配模式，基于孵化服务的科技孵化器生态系统模型，探讨如何提升其增值服务水平与创新绩效，国内外孵化器研究进展如表2-5所示。

表2-5 国内孵化器视角研究进展

研究方面	代表学者	研究内容
孵化器绩效评估	曹细玉[④]	采用模糊综合评价法评价孵化能力
	梁敏[⑤]	从基础服务条件、综合服务功能、孵化经济功能等方面运用层次分析法评价孵化能力

[①] SHERMAN H D S. Chappell-methodological challenges in evaluating business incubator outcomes [J]. Economic development, 1998, 12 (4): 313-321.

[②] 林强，姜彦福. 中国科技企业孵化器的发展及新趋势 [J]. 科学学研究, 2002 (2): 198-201.

[③] 赵黎明，朱禾申，付春满. 科技企业孵化器发展探讨 [J]. 天津大学学报（社会科学版），2009, 11 (1): 1-4.

[④] 曹细玉. 企业孵化器孵化能力评价研究 [J]. 科技进步与对策, 2001 (6): 13-14.

[⑤] 梁敏. 科技企业孵化器综合评价指标体系及模型设计 [J]. 科学学与科学技术管理, 2004 (2): 62-65.

续表

研究方面	代表学者	研究内容
孵化器绩效评估	张力[1]	资金和网络决定孵化绩效的差异，在孵企业的领导者素质至关重要
	牛玉颖、肖建华[2]	用智力资本指标评价孵化器绩效
	李振华、李赋薇[3]	孵化网络的关系持久度、关系强度对集群社会资本和孵化绩效有正向影响
	胡海青、李浩[4]	孵化领导力、资源共享与孵化网络关系绩效正相关 孵化器编配能力的知识迁移能力维度、创新保护能力维度、网络稳定能力维度对孵化网络创新绩效有显著的正向影响
孵化器运行模式	袁春燕、仇向洋[5]	把盈利模式划分为房地产、房地产加投资、投资模式
孵化过程	王国红、周建林等[6]	描述创新孵化网络内知识双重扩散过程
	张宝建、裴梦丹等[7]	用系统动力学分析孵化过程
孵化器创新驱动效应	冯金余[8]	孵化器创新驱动效应与创业导师、组织结构、区域等因素有关

科技企业孵化器的绩效评价研究是理论界和业界的热点，也是孵化器视角研究的重点。从综合文献看，绩效评价内容可以分为对整个孵化组织系统的评价，基于网络、智力资本等理论对孵化器内部资源与孵化绩效关系的研

---

[1] 张力. 孵化器绩效差异的内在机理研究 [D]. 上海：华中科技大学，2010.
[2] 牛玉颖，肖建华. 智力资本视角下的科技企业孵化器绩效评价指标研究 [J]. 科技进步与对策，2013，30（3）：117-122.
[3] 李振华，李赋薇. 孵化网络、集群社会资本与孵化绩效相关性 [J]. 管理评论，2018，30（8）：79-89.
[4] 胡海青，李浩. 孵化器领导力与孵化网络绩效实证研究 [J]. 管理评论，2016，28（3）：164-172.
[5] 袁春燕，仇向洋. 企业孵化器的运作模式探讨 [J]. 现代经济探讨，2002（2）：65-67.
[6] 王国红，周建林，邢蕊. 基于双重扩散过程的创新孵化网络内知识扩散方选择策略研究 [J]. 科学学与科学技术管理，2015，36（4）：105-114.
[7] 张宝建，裴梦丹，孙国强，等. 基于创业过程的资源匹配孵化研究 [J]. 运筹与管理，2017，26（8）：146-156.
[8] 冯金余. 科技企业孵化器的创新驱动效应研究 [J]. 科研管理，2017，38（11）：38-47.

究以及对孵化器服务体系的评价三个方面。最开始对第三类研究比较多,近几年,对第一类、第二类研究逐渐增多。对孵化器绩效评估方法多样,采用层次分析法、数据包络分析、随机前沿、信息熵、实证方法等。在今后的研究中,有必要对孵化器绩效和产出进行系统分析,提出一套具有科学性、得到国内外学者认可的指标评体系。

2.3.2.2 在孵企业视角

在孵企业视角主要包括:在孵企业创新绩效与资源获取方式、孵化企业网络能力与结构等。在孵企业绩效是指初创企业在进入孵化器后,通过享受孵化器提供的各项服务,给自身带来的经营水平、创新能力的改善等情况。目前对在孵企业视角的研究成果主要有:李宇采用在孵企业创新性、成长性和盈利性三方面进行评价[①];邢蕊、王国红验证了创新型创业导向与创业型创新导向对创新绩效的影响,并验证了创新柔性的中介作用[②];李振华、赵寒等验证了在孵企业社会资本对创新绩效的影响[③];胡海青、王兆群等对孵化器控制力—在孵企业机会开发—创新孵化绩效三者的关系及创新环境的调节作用进行了阐述[④]。

由文献可见,对在孵企业绩效的评价也是在孵企业研究视角的重点,所有关于在孵企业的研究最终的落脚点都停留在绩效上。随着研究内容的深入,近年来,学者开始对研究初期忽视的在孵企业的性质与绩效进行评价和研究,由于自身特点,在孵企业的绩效主要是创新绩效。国内外学者分别从创新绩效(专利数量、被引专利数量、新产品数量、新产品占总销量的比重等)、经营能力(年收入、利润)、人才吸引能力(高技术人才比例、就业人数)等对在孵企业绩效进行评价,从孵化器对其评价或控制力、在孵企业投入、在孵企业创业导向、创新意愿、创新柔性等方向检验在孵企业绩效的影响机制。

2.3.2.3 孵化器——在孵企业关系视角

互动视角是指对孵化器和在孵企业的互动关系进行研究,主要是以系统理论、社会网络理论等为基础,探讨网络视角下孵化器编配能力在网络协同

---

① 李宇,张雁鸣.网络资源、创业导向与在孵企业绩效研究:基于大连国家级创业孵化基地的实证分析[J].中国软科学,2012(8):98-110.
② 邢蕊,王国红.创业导向、创新柔性和科技在孵企业创新绩效[J].科学学与科学技术管理,2014,35(7):116-127.
③ 李振华,赵寒,吴文清.在孵企业关系社会资本对创新绩效影响:以资源获取为中介变量[J].科学学与科学技术管理,2017,38(6):144-156.
④ 胡海青,王兆群,张琅.孵化器控制力对创新孵化绩效的影响:一个有调节的中介效应[J].南开管理评论,2017,20(6):150-162,177.

效应下对孵化网络创新绩效的影响机理①；从协同创新主体、平台和环境三方面出发，研究区域科技孵化网络的协同创新机制②；明确孵化机制，识别孵化支持，探讨其对在孵企业研发投入的影响机制和作用效果③；基于合作生产理论，对创业者与孵化服务二元主体之间的关系展开理论分析④。

不应该离开在孵企业谈对孵化器的评价，也不应该离开孵化器谈在孵企业的绩效评价，孵化器的功能、作用和绩效主要反映在对在孵企业的培育，在孵企业在孵化器内成长，在孵企业和孵化器二者都是发生在特定系统和特定环境下的产物，因此应该将二者统一在一个系统内进行评价，不能人为进行割裂。

2.3.2.4 孵化产业视角

张颖颖、胡海青以孵化产业为实证对象，对二元技术能力、制度环境与创业绩效三者之间的关系进行了研究⑤；张宝建、孙国强等以孵化产业为实证对象，对孵化器内网络能力、网络结构与创业绩效的关系进行了研究⑥；胡海青、张旻等同样以孵化产业为实证对象，对孵化器网络交互模式与创业支持类型的关系进行了研究⑦。上述研究虽然以孵化产业为研究对象，但实际上并未区分孵化产业与孵化器的区别，而是将孵化产业等同于孵化器的概念，模糊了科技孵化产业的特征。唐丽艳、张静等探讨了孵化产业基地开放式运行模式⑧；刘容志、黄天蔚采用协同学理论，将产业集群创业孵化系统划分为创业资源子系统和孵化主体子系统，并构建协同度模型与评价指标体系⑨。

---

① 毕可佳，胡海青，张道宏．孵化器编配能力对孵化网络创新绩效影响研究：网络协同效应的中介作用［J］．管理评论，2017，29（4）：36-46．

② 李振华，封新宇，吴文清，等．多中心治理模式下区域科技孵化网络协同创新机制研究［J］．中国科技论坛，2016（1）：44-50．

③ 王是业，武常岐．孵化支持会促进创业企业增加研发投入吗?：在孵企业研发人力资源的调节作用［J］．研究与发展管理，2017，29（2）：20-28．

④ 张力，周勇涛，戚汝庆．基于在孵企业面板数据的孵化器绩效分析［J］．软科学，2016，30（11）：5-9．

⑤ 张颖颖，胡海青．二元技术能力、制度环境与创业绩效：来自孵化产业的实证研究［J］．科技进步与对策，2016，33（18）：113-120．

⑥ 张宝建，孙国强，裴梦丹，等．网络能力、网络结构与创业绩效：基于中国孵化产业的实证研究［J］．南开管理评论，2015，18（2）：39-50．

⑦ 胡海青，张旻，张宝建，等．网络交互模式与创业支持类型：基于中国孵化产业的实证分析［J］．科学学研究，2012，30（2）：275-283．

⑧ 唐丽艳，张静，王国红．基于二次孵化的孵化产业基地运行模式研究［J］．科学学与科学技术管理，2009，30（11）：141-145．

⑨ 刘容志，黄天蔚，邱志强．产业集群创业孵化系统协调度评价指标构建［J］．科研管理，2016，37（S1）：578-582．

孵化器作为连接知识、信息、科技、资源与高技术产业、中小型初创企业的桥梁与平台,已经由单体经济组织发展成产业形态,产业形态与单体组织在特征、性质、资源获取方式、绩效等方面存在诸多差异,应该开展对科技孵化产业内涵、特征、动力机制、运行机制与绩效方面的研究。这是国内外现有研究缺乏的。

2.3.3 孵化器研究简要述评

综合文献综述,将孵化器研究整理成如图2-2所示的孵化器研究体系。

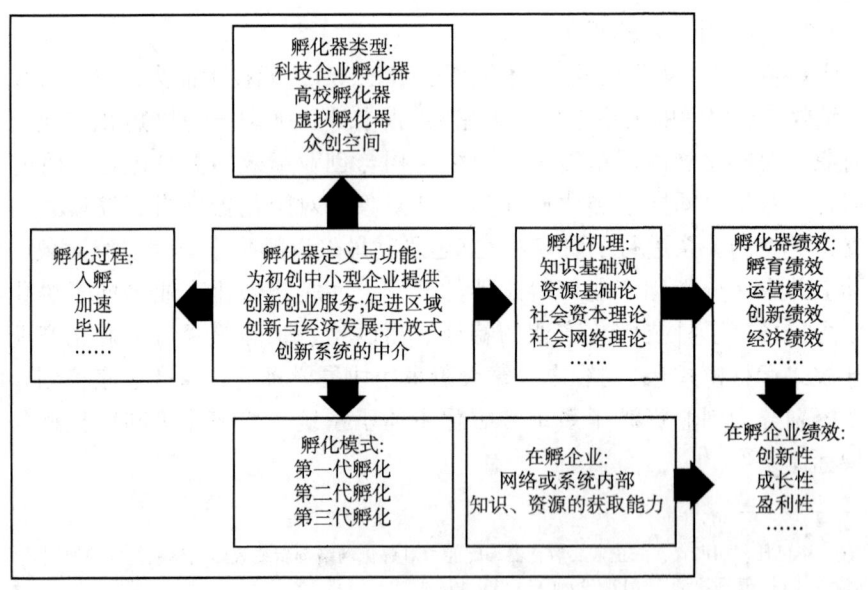

图2-2 国内外孵化器研究体系梳理

现有研究聚焦于孵化器、在孵企业、互动关系以及孵化产业等视角进行研究。孵化器视角主要基于知识基础观、社会资本理论、社会网络理论、资源基础观、协同理论等对孵化器定义、功能、模式、孵化机理、孵育模式等方面进行研究;基于在孵企业视角主要对在孵企业知识与资源的获取能力、在孵企业绩效等进行研究;基于二者关系视角主要对孵化器对在孵企业绩效的影响、孵化器为在孵企业提供的创新创业服务影响机制等方面进行研究;基于孵化产业视角的研究比较少,主要对科技孵化产业运营方向、运营模式等进行研究。

综合现有文献,孵化器研究初具体系,但又具有许多不足之处。研究多针对单一孵化器,而对区域内多个孵化器、区域孵化系统等的研究内容较少,将孵化上升为科技孵化产业概念，并将其与区域创新体系结合的研究寥寥。孵化器联结知识创新源头和高新技术产业，由单体的经济组织发展成产业形态。科技孵化产业能够集聚优势孵化器力量，调节区域内知识流动，是区域创新过程之间的互动来源，是区域内创新活动发生的关键输入，在区域创新体系中具有重要作用；新经济地理理论证明，技术创新应具有明显的空间溢出效应，而已有研究大多忽略了科技孵化产业的地理空间因素以及潜在的空间相关性与联动性，尚未有对孵化器进行跨区域及其空间溢出效应进行研究。

因此，应该继续深化对孵化器与在孵企业关系的研究。基于网络理论、智力资本理论等经典组织管理理论，对孵化器的异质性资源运行机制、协同模式等进行研究，并厘清其对在孵企业的影响，以期更好地为初创企业服务。

建立多层次涉及微观（孵化器层面）、中观（区域、孵化产业层面）层面的研究，进一步刻画孵化体系的结构功能特征。以往研究多为对单一孵化器一个主体进行微观层面的研究，很难实现对多个方面、多个主体的孵化体系特征的刻画。如何构建跨层次、跨区域的分析框架，对孵化协同内部结构特征与动态演化进行反映与刻画，如何基于孵化器群体对内部正式与非正式关系、内部异质性资源以及优化资源配置方式，内部各主体行为，以及对孵化器、孵化产业、在孵创客绩效影响的研究，都将成为孵化器研究的重点与前沿。

2.4 智力资本文献综述

智力资本是组织的基本战略知识资源，组织中知识资源承载着组织75%以上的价值，因此知识资源是当今世界企业或组织获得成功的决定因素。智力资本作为异质性知识资源的重要来源对组织的成功和取得良好业绩至关重要。智力资本受到国内外学者的重视，正逐渐成为组织、高校、产业、企业等不同系统内部机理研究的重点与热点，因此对智力资本研究进行综述，厘清智力资本研究脉络，有助于更好地运用智力资本理论进行研究。

2.4.1 智力资本理论基础

知识在企业发展中具有重要作用，因此在过去的几十年里一直是学术界关注的重点。学者对知识是获得竞争优势和组织可持续性资源的观点已达成共识。企业认识到对知识的投资对于创造高价值产品和服务能力至关重要。

智力资本（intellectual capital，IC）开始的定义与人力资本相同，即企业人力知识能力与水平。后来学者逐渐认识到智力资本并不同于人力资本，智力资本还包含知识经验以及关系、顾客等不同内容，智力资本内容正在不断扩展。因此，应该明确智力资本的基础理论，并在基础理论上指导智力资本的研究与应用。智力资本理论从组织学、经济学角度出发，理论基础主要为人力资本理论、组织资本理论与社会资本理论。

人力资本最早由亚当·斯密开始研究，他认为，人力资本是与生俱来的，可以被替代的[1]。20世纪中后期，在实践中人们逐渐认识到人力资本能够不断推动社会前进，是不可替代的资源之一。之后，人力资本概念与战略管理研究相结合，Chang认为人力资本的异质性与独特性是企业获得竞争优势的重要来源，组织的人力资本包括独特的价值性，组织或企业通过内部人员的知识和能力为企业创造更大的价值，人力资本具有不可替代性[2]。

Prescott和Visscher于对组织资本进行了定义，认为信息是公司的重要资产，能够影响公司的生产，他们把这一资产称为组织资产，并提出组织资本是人力资本不可分割的一部分[3]；Brynjolfsson等指出，组织资本包括企业人力水平、人力工作能力、工作态度、工作愿景以及团队信息、团队知识和技能等方面[4]。组织资本与人力资本息息相关，人力资本中员工所积累的知识和技能能够对组织中的员工和个体形成反馈，成为组织资本的重要组成部分[5]。组织资本主要包括：组织内部人力资源对组织知识与才能的贡献程度，为高端人才花费的金钱成本和时间成本，为员工分配合适的岗位与对员工的培训等。组织资本在微观层面能够对组织或企业生产效率与经营状况产生影响，在中观层面促进区域创新与区域经济发展。组织资本使得企业或组织

---

[1] MUHAMMAD WASIM JAN KHAN. A critical review of empirical studies in intellectual capital literature [J]. International journal of academic research in business and social sciences, 2014, 4 (11): 159-178.

[2] CHANG W S, HSIEH J J. Intellectual capital and value creation-is innovation capital a missing link? [J]. International journal of business and management, 2011, 6 (2): 3-12.

[3] PRESCOTT E C, VISSCHER M. Organization capital [J]. Journal of political economy, 1980, 88 (3): 446-461.

[4] BRYNJOLFSSON E, HITT L M, YANG S. Intangible assets: computers and organizational capital [J]. Brookings papers on economic activity, 2002 (1): 137-181.

[5] FATOKI O O. The impact of human, social and financial capital on the performance of small and medium-sized enterprises (SMEs) in South Africa [J]. Journal of social science, 2011, 29 (3): 193-204.

更具竞争优势。

社会资本理论起源于社会学领域，主要用来刻画社会或家庭内部关系资源的发展与利用，随着研究的深入，社会资本成为经济学、管理学研究的重要组成部分。国内外学者对社会资本进行了跨层次的研究，主要分为宏观层面、中观层面与微观层面，其中，最主要的研究集中于微观层面。Jansen 等认为，社会资本是组织或企业中存在的个人关系、组织单元、组织内网络，以及组织与外部环境的交互关系等[1]。张生太、刘露露认为，社会资本反映的是组织或企业内部的关系资源，企业或员工可以通过这些资源获利[2]。在社会资本研究维度方面，社会资本被划分为结构、关系和认知三个维度。结构维度主要反映组织之间是否存在网络关系、网络形态、网络密度与连通性等；关系维度反映的是通过网络所获得的资源，网络中存在的信任、自认、约束等行为；认知维度反映的是组织在网络中提供的消息，其中应用最为广泛的是社会资本中的社会网络理论[3]。

人力资本理论、社会资本理论和组织资本理论的出现、发展和深入，为智力资本理论的研究提供了丰富的内容和理论基础。人力资本理论、社会资本理论、组织资本理论和智力资本理论外延和范围各不相同，但又有所交叉，广义上的智力资本理论涵盖了人力资本理论、社会资本理论和组织资本理论，是对这些理论的完善和进一步发展。

2.4.2 智力资本的内涵

基于前人的研究，知识资本的概念在 21 世纪初的知识经济中受到极大关注。知识经济领域内智力资本逐渐成为研究者和实践者感兴趣的领域。在现代经济中，为了获得成功和组织的竞争优势，智力资本日益成为组织关键的战略资产。因此，在智力资本研究初期，学者围绕智力资本的内涵进行了大量的研究。

研究之初，学者关于智力资本的定义主要从知识观、价值观和竞争优势观三方面展开。①知识观：Nahapie 认为，智力资本是组织、知识群体基于知

---

[1] JANSEN R G, CURSEU P L, VERMEULEN P M, et al. Social capital as a decision aid in strategic decision-making in service [J]. Organizations management decision, 2011, 49 (5): 734-747.

[2] 张生太, 刘露露. 社会资本对微信群用户知识共享意愿的影响 [J]. 科研管理, 2018, 39 (10): 108-119.

[3] ADLER S P, SEOK-WOO K. Social capital: prospects for a new concept [J]. The academy of management review, 2002, 27 (1): 17-40.

识和认识行动的能力①；②价值观：Edvinsson等认为，智力资本是企业市场价值高于账面价值，通过知识和知识密集服务为企业带来收益的无形资产②；③竞争能力观：Hayton认为，知识经济迅速发展，智力资本作为推动创新和经济增长的因素，是企业可持续竞争优势的重要来源③。

之后，国内外学者对智力资本内涵的研究逐渐丰富，智力资本定义的内容也逐渐增加，对智力资本定义主要分为四个方面，即，①无形资产观：认为智力资本是企业无形资产的加总④；②知识基础观：认为智力资本是企业或组织在日常经营活动中日积月累产生的，能够对后续经营产生反馈，产生价值增加的知识资源⑤；③人力资本观：智力资本包括组织或企业内部人员具备的知识、技能以及人员依靠自身能力为企业或组织做出的贡献⑥；④信息技术观：从组织资本角度认为，企业或组织是信息系统，其中对信息的管理能力的高低即反映智力资本水平高低。大部分学者认同知识基础论的观点，即认为智力资本是为个人、企业、机构或地区所拥有的，内部成员所知晓的，能够在组织范围内存在与流动，并为组织创造价值的知识⑦。

本研究在综合了国内外学界有关智力资本定义的基础上，厘清分歧，将其定义为：公司或组织拥有的能够为其带来持续竞争优势，进行价值创造的知识资产与能力。智力资本是组织所特有的，区别于一般无形资产、人力资本、财务资产，能够带来经济效益的知识资产的总和。

2.4.3 智力资本的构成

智力资本维度划分一直是智力资本理论研究的焦点之一，不同维度的划

---

① NAHAPIET J. Social capital, intellectual capital and the organization advantage [J]. Academy of management review, 1998, 23 (2): 242-266.

② EDVINSSON L, SULLIVAN P. Developing a model for managing intellectual capital [J]. European management journal, 1996, 14 (4): 356-364.

③ HAYTON J C. Competing in the new economy: the effect of intellectual capital on corporate entrepreneurship in high-technology new ventures [J]. R&D management, 2005, 35 (2): 137-155.

④ PENA. Intellectual capital and business start-up success [J]. Journal of intellectual capital, 2002, 3 (2): 180-198.

⑤ REZAIAN A, NAEIJI M J. Strategic entrepreneurship and intellectual capital as determinants of organizational performance: empirical evidence from Iran steel industry [J]. Journal of global entrepreneurship research, 2012, 2 (1): 3-16.

⑥ ULRICH K T. The role of product architecture in the manufacturing firm [J]. Research policy, 1995, 24 (3): 419-440.

⑦ 李卫兵，王彦淇. 中国区域智力资本的测度及其空间溢出效应研究 [J]. 华中科技大学学报（社会科学版），2018, 32 (1): 64-75.

分会对智力资本的测度产生很大的影响。其中,最有代表性的划分模型为"Navigator模型"。Navigator模型是由斯坎迪亚公司Edvinsson提出的[①],斯坎迪亚公司是首个对知识资产进行测度,于1985年编制了首个智力资本报告,并成为首个向股东在年报中披露智力资本的公司。之后其他公司都参照斯坎迪亚公司对组织价值多维概念化理论,对本公司研发与专利流程等方面进行评估。Edvinsson提出了具有动态性与整体性的IC模型,即为"Navigator"。Navigator主要包含五个部分,即财务、流程、客户、更新与发展、人力资本,模型如图2-3所示。根据"Navigator"模型,智力资本是人力资本和结构资本的隐性因素的加和。

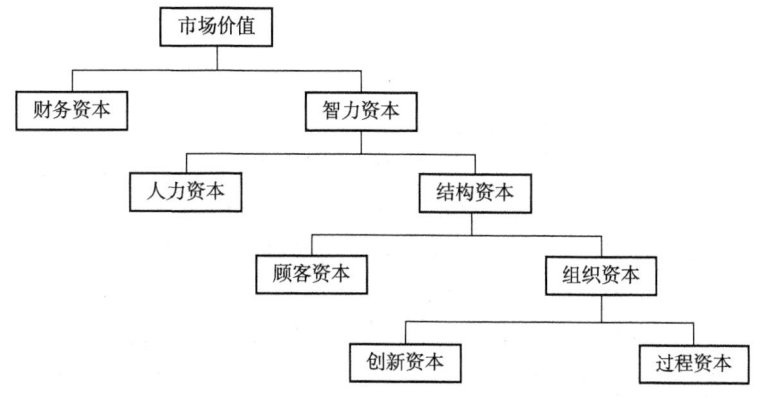

图2-3 Navigator模型

Edvinsson认为,人力资本是公司个体员工为完成工作而具有的知识、技能、创新精神和能力的综合,包括公司的价值观、文化和哲学。人力资本不为公司所有;结构资本是硬件、软件、数据库、组织结构、专利、商标和其他一切支持员工生产力的组织能力;还包括客户资本,与主要客户的发展关系。与人力资本不同,结构性资本可以自由交易,智力资本等于人力资本和结构性资本的总和[②]。

综合其他文献,将有代表性的学者及其维度划分整理成表2-6。

---

① EDVINSSON L. Developing intellectual capital at Skandia [J]. Long range planning, 1997, 30 (3): 366-373.

② EDVINSSON L. Developing intellectual capital at Skandia [J]. Long range planning, 1997, 30 (3): 366-373.

表 2-6　国内外智力资本维度

维度	研究者	智力资本维度
二元模型	Edvinsson①	人力资本、组织资本
三元模型	Sveiby②	人力资本、外部结构资本、内部结构资本
	Stewart③	人力资本、结构资本、顾客资本（关系资本）
四元模型	Brooking④	市场资产、知识产权资产、人力资本、基础结构资产
	Rothberg, Erickson⑤	人力资本、关系资本、结构资本、竞争力资本
六元模型	Marr, Schiuma⑥	利益相关者关系、人力资源、物质基础结构资本、文化、惯例和常规、智力资产

资料来源：作者整理。

研究表明，学者普遍认可人力资本、结构资本和关系资本三元模型。人力资本是组织成员所具备的隐性知识、技能和经验，如知识背景、先前工作经验、业务素质和创新能力等，是智力资本最主要的来源⑦。结构资本是一种企业或组织所属资产，包括企业或组织显性知识和编码知识，是支持人力资本、关系资本、保障企业或组织知识运营的基础机制，包括专利、著作、商标、工作方法、决策机制、制度流程、工作氛围等⑧；关系资本是指客户的嵌入式知识，包括与合作伙伴和利益相关者关系的偏好，反映企业或组织通过内外部关系获得的各类知识和能力，如员工关系、顾客关系、供应商关系及

---

① EDVINSSON L, SULLIVAN P. Developing a model for managing intellectual capital [J]. European management journal, 1996, 14 (4): 356-364.

② SVEIBY K E. The new organizational wealth: managing and measuring knowledge-based assets [M]. San Francisco: Berret-Koehler Publish, 1997.

③ STEWART T, RUCKDESCHEL C. Intellectual capital: the new wealth of organizations [J]. Performance improvement, 1998, 37 (7): 56-59.

④ BROOKING A. The management of intellectual capital [J]. Long range planning, 1997, 30 (3): 364-365.

⑤ ROTHBERG H N, ERICKSON G S. Competitive capital: a fourth pillar of intellectual capital? [J]. World congress on intellectual capital readings, 2002, 1 (1): 94-103.

⑥ MARR B, SCHIUMA G, NEELY A. The dynamics of value creation: mapping your intellectual performance drivers [J]. Journal of intellectual capital, 2004, 5 (2): 312-325.

⑦ YITMEN I. Intellectual capital: A competitive asset for driving innovation in engineering design firms [J]. Engineering management journal, 2014, 23 (2): 23-27.

⑧ SAAD G, YASEEN, DIMA D B, et al. The impact of intellectual capital on the competitive advantage: applied study in Jordanian telecommunication companies [J]. Computers in human behavior, 2016, 62 (1): 168-175.

与其他机构的关系等，关系资源和知识通过这些关系交织的社会关系结构转移①。

2.4.4 智力资本相关研究

综上所述，将国内外智力资本相关研究划分为智力资本概念框架、智力资本测度与基础内容研究、智力资本披露的研究、组织绩效研究、高校智力资本研究，以及区域智力资本研究六方面（见表2-7）。

表2-7　智力资本主要研究角度与研究内容

研究角度	研究内容简介	代表学者	研究成果
智力资本概念框架	主要对智力资本内涵、智力资本维度构成、智力资本性质等进行研究	Edvinsson②	智力资本的定义与维度划分
智力资本测度	主要对智力资本各维度进行定量分析和测度	Edvinsson	财务角度：总收入/员工总人数、新产品销售收入/总收入 顾客角度，拜访客户的时间 过程角度：电脑数量/员工数量 更新角度：员工满意指数、培训费用支出占比 人力资本角度：高级经理人数，人员流失率等
		王勇、许强等③	提出整体存量测度、非价值形式的分量测度，以及存量对比与转换式的流量测度的智力资本测度思路和框架
		庞川、连智华④	借助德尔菲质性工具和结构方程模型、专家评价方法，从人力资本、结构资本和关系资本构建关键核心构面

---

① HSU L C, WANG C H. Clarifying the effect of intellectual capital on performance: the mediating role of dynamic capability [J]. British journal of management, 2012, 23 (1): 179-205.
② EDVINSSON L, SULLIVAN P. Developing a model for managing intellectual capital [J]. European management journal, 1996, 14 (4): 356-364.
③ 王勇, 许强, 许庆瑞. 智力资本及其测度研究 [J]. 科研管理, 2002 (4): 89-95.
④ 庞川, 连智华. 基于结构方程模型的RFID企业智力资本指标研究 [J]. 科学学与科学技术管理, 2013, 34 (11): 147-158.

续表

研究角度	研究内容简介	代表学者	研究成果
智力资本披露	主要结合公司治理与公司财务理论对智力资本向股东披露的渠道、媒介与比较、影响因素、披露内容、披露程度以及披露方式等进行研究	Gerpott①	对传播IC信息工具的网站进行了分析
		傅传锐、洪运超②	实证检验了股权治理、董事会与监事会治理、管理层激励的公司治理水平与智力资本信息披露间的相关性
		蒋艳辉、李林纯③	智力资本多源化信息披露水平通过分析师跟踪对企业未来价值产生显著正向影响
		傅传锐、王美玲④	构建智力资本自愿信息披露指数
智力资本与组织绩效	主要对人力资本、结构资本、关系资本不同维度内部，以及三维度之间的相互作用与企业绩效、组织绩效或创新绩效之间的关系进行实证；主要是与创新绩效的关系；智力资本作为自变量、中介变量	张慧颖、吕爽⑤	探讨智力资本、创新方式与产品创新绩效之间的关系
		高丽、潘煜等⑥	以高科技企业为实证研究对象，探讨企业文化、智力资本和企业绩效之间的关系
高校智力资本	主要将高校与智力资本概念相结合，对高校智力资本发展水平进行研究	朱华、关培兰⑦	把智力资本理论引入高校，构建适合高校的智力资本模型，并进行评价
		VELTRI 等⑧	通过FES模型对奥地利大学IC进行评价

① GERPOTT, TORSTEN J, JAKOPIN, et al. Firm and target country characteristics as factors explaining wealth creation from international expansion moves of mobile network operators [J]. Telecommunications policy, 2007, 1 (1): 101-123.

② 傅传锐, 洪运超. 公司治理、产品市场竞争与智力资本自愿信息披露：基于我国A股高科技行业的实证研究 [J]. 中国软科学, 2018 (5): 123-134.

③ 蒋艳辉, 李林纯. 智力资本多源化信息披露、分析师跟踪与企业价值的关系：来自A股主板高新技术企业的经验证据 [J]. 财贸研究, 2014, 25 (5): 138-146.

④ 傅传锐, 王美玲. 智力资本自愿信息披露、企业生命周期与权益资本成本：来自我国高科技A股上市公司的经验证据 [J]. 经济管理, 2018, 40 (4): 170-186.

⑤ 张慧颖, 吕爽. 智力资本、创新类型及产品创新绩效关系研究 [J]. 科学学与科学技术管理, 2014, 35 (2): 162-168.

⑥ 高丽, 潘煜, 万岩. 企业文化、智力资本和企业绩效的关系：以高科技企业为例 [J]. 系统管理学报, 2014, 23 (4): 537-544.

⑦ 朱华, 关培兰. 高校智力资本模型及实证研究 [J]. 经济管理, 2007 (10): 36-44.

⑧ VELTRI, STEFANIA, MASTROLEO, et al. Measuring intellectual capital in the university sector using a fuzzy logic expert system [J]. Knowledge management research & practice, 2014, 5 (1): 11-23.

续表

研究角度	研究内容简介	代表学者	研究成果
区域智力资本	主要对区域智力资本的特征、框架、测评、绩效、作用、影响因素等方面进行研究，探讨资源网络，建设资源共享的系统，充分利用异质性资源，通过合作使组合知识的价值最大化，并最终转化为生产力，促进地区经济发展；主要是采用面板数据、计量方法对区域绩效的影响进行实证研究	夏同水、张延华[①]	对中国20个省市20年间区域智力资本投资与经济增长的关系进行实证研究
		王学军、陈武[②]	对中国2006年31个省份的区域智力资本水平和区域创新能力进行测度和评估

国内外学者试图通过对智力资本的研究，阐述智力资本作用机制并明确它在国家、区域、产业、组织或企业内部的价值。在上述六个方面的研究中，对智力资本的测度、智力资本与组织绩效的实证研究是智力资本研究的重点，对智力资本的测度方法来自学者对维度的划分，维度划分方法决定了测度指标的选择。智力资本的测度为后续绩效的实证研究做铺垫；区域智力资本、高校智力资本、公司治理内容是研究的前沿与研究潜力所在，不同产业、组织与区域开始结合智力资本的概念对绩效进行研究。由于国外公司制度以及股票市场的发展，国外学者对公司治理与智力资本概念的结合、智力资本披露的研究早于国内，并产生大量高质量文献。

2.4.5 智力资本研究简要述评

本研究对智力资本的理论基础进行详细阐述，表明智力资本是对人力资本、社会资本、组织资本、社会网络理论、资源基础观等理论的扩展与更新。国外对智力资本的研究主要集中于智力资本理论框架、智力资本创新绩效分析、智力资本信息披露、智力资本组织绩效等内容，国内的研究按照早期、中期与近期划分为三个阶段。为了厘清分歧，对智力资本的内涵与维度的研究内容进行述评。从智力资本概念框架、智力资本测度与基础内容研究、智力资本披露研究、组织绩效研究，高校智力资本研究以及区域智力资本研究

---

① 夏同水，张延华. 区域智力资本投资与经济增长的关系：对我国20个省市20年间的面板数据分析 [J]. 山东大学学报（哲学社会科学版），2011（2）：92-97.
② 王学军，陈武. 区域智力资本与区域创新能力：指标体系构建及其相关关系研究 [J]. 管理工程学报，2010，24（3）：1-6.

六方面对智力资本研究进行整理和总结。

结合对智力资本研究的综述发现，智力资本研究方法多样，采用多种方法、多角度进行研究；从研究对象看，公司层面研究逐渐成熟，国家层面、区域层面研究相对缺乏。未来研究应不断拓宽智力资本研究的广度和深度，将研究对象逐渐从微观企业延伸至中观区域层面或宏观层面。

2.5　本章小结

本章从协同创新研究、区域创新研究、孵化器研究与智力资本研究四个方面出发，进行了理论回顾，并对研究内容、研究脉络、研究热点与前沿进行梳理，形成如下结论。

协同创新体系中主体（如政府）特质与作用的发挥，以及产业集聚协同创新等研究成为协同创新领域研究的重点与前沿。其中产业集聚协同创新研究集中在产业集群内部，产业集群外部主体与环境，产业集群协同创新的演化过程以及产业集聚协同创新绩效等四个方面。

网络理论、创新理论、系统理论与产业集聚理论为区域创新研究奠定了基础。区域创新研究主要集中于内涵、创新模式、创新机制、创新实证与跨区域协同创新研究方面。区域创新绩效的研究是重点，随着新经济地理学的发展，学者逐渐将区域创新与空间研究相结合，重视空间的相关性及邻近区域的研究，跨区域研究成为前沿。

孵化器研究主要聚焦在孵化器视角、在孵企业视角、二者互动视角以及孵化产业等视角，其中孵化产业、区域孵化系统等中观层面研究较少；新经济地理理论证明，技术创新应具有明显的空间溢出效应，已有研究忽略了科技孵化产业的地理空间因素潜在的空间相关性与联动性，并未从空间视角对孵化器进行跨区域研究。应该继续深化对孵化器与在孵企业关系的研究，丰富微观（孵化器层面）、中观（区域、孵化产业层面）层面的研究，进一步刻画孵化体系的结构功能特征。

智力资本逐渐成为知识经济最重要的资产之一，智力资本理论在社会资本理论、人力资本理论和组织理论的基础上不断扩展，因此对智力资本的研究具有现实意义与理论意义。研究从智力资本概念框架、智力资本测度与基础内容研究、智力资本披露研究、组织绩效研究、高校智力资本研究，以及区域智力资本研究六个方面对智力资本研究进行整理和总结，认为未来研究应不断拓宽智力资本研究的广度和深度，逐渐把研究对象从微观企业延伸至中观区域层面或宏观层面。

3 科技孵化产业智力资本协同机理

田颖、田增瑞等通过对飞马旅集团飞马空间进行案例分析,认为智力资本是科技孵化器获得竞争优势资源的关键[①]。本研究在此基础上进行理论扩展,将科技孵化产业与智力资本相结合,在科技孵化产业智力资本内部采用以人力资本、结构资本与关系资本为基础的"H-S-R"三维度协同概念,在科技孵化产业智力资本外部联合孵化器与创客等主体构建智力资本协同创新系统,从而形成内外部交叉圈层结构。本章将在前文文献综述的基础上,界定科技孵化产业的概念与区域发展差异性;阐述科技孵化产业智力资本"H-S-R"三维度结构及协同机理;构建科技孵化智力资本协同创新系统,对其内部协同机理进行相关研究。

3.1 科技孵化产业的概念界定与发展概况

根据前文文献基础,现阶段研究主要集中于单一科技企业孵化器,并没有将研究上升到产业的概念,也没有对科技孵化器和科技孵化产业进行区分。因此,本研究突破对单一科技孵化器研究的束缚,对同一区域内科技孵化器的总和,即科技孵化产业进行界定与研究,从理论上界定科技孵化产业与科技孵化器的外延与关系,梳理科技孵化器与孵化产业的发展现状从而进行后续研究。

3.1.1 科技孵化器的内涵与特征

3.1.1.1 科技孵化器内涵的界定

科技孵化器是经济社会下,社会对于创新创业要求的必然选择,因此孵化器研究应随着实践的发展不断深入与丰富。本研究认为,科技孵化器是"科技企业孵化器"的简称。科技孵化器是政府的一种政策工具,一个创新体系,一个受控可交互环境,是提供创新创业服务的企业组织。科技孵化器是

---

① 田颖,田增瑞,赵袁军. H-S-R三维结构视角下众创空间智力资本协同创新对创客创新绩效的影响 [J]. 科技进步与对策, 2018, 35 (8): 15-23.

循着创客创业成长发展规律,对政、产、学、研、金融、中介和社会等资源进行整合,为创客提供所需软硬件服务与增值服务,降低其创业风险和创业成本,提高创客存活率和创业成功率,通过获得租金或股权回报等形式,实现自身经济目标与社会目标。

国务院科技行政部门颁布的国家级科技企业孵化器申报条件包括:孵化器发展方向明确,领导团队有力,孵化器内部机构设置合理,团队内接受孵化服务培训的人数达到一定数量,可自主支配孵化场地使用面积超过2万平方米,孵化企业与累计毕业企业达到一定数量,孵化器内孵化企业具有30%以上已申请专利,孵化企业人员学历构成达到一定比例,孵化器孵化基金不低于300万元人民币,孵化器运营与存续时间超过3年,形成创业导师等服务体系;能够提供相应孵化服务,具有专业化技术服务能力的管理,服务团队与平台等。由于国家级科技企业孵化器发展相对成熟,具有高质量和数量的管理人员,能够为在孵企业与创客提供可支配的场地,提供创业投资资金服务,提供创业导师与增值服务;存在很高比例的孵化成功率,孵化器内孵化企业具有自主创新能力;具有高质量的创业人员;具有反哺能力等优势与特点,其经营与发展能够聚焦在孵化企业的培育上,是孵化器企业经营标杆榜样与行业发展的中流砥柱,对国家级科技孵化器的研究具有典型性,因此本研究的主要研究对象为国家级科技企业孵化器。

3.1.1.2 科技孵化器服务种类

根据上文定义,科技孵化器为创客提供创业初期所需要的支持和服务,服务是实现孵化器经营价值的核心产品,通过提供服务能够激发创客的潜在价值,并将其转化为市场价值,进而实现孵化器自身的经济与社会价值。孵化器服务主要体现为硬件服务、软件服务与增值服务。硬件服务主要包括为创客提供孵化空间,即工位出租,共享办公空间和基础设施,使创客节省创业成本;软件服务主要包括物业管理、生活、生产服务等基础服务,如办理工商注册手续、发布优惠政策和信息、技术支持、资金支持、管理咨询等。软件服务能够为创客创造创业氛围,使创客从繁杂的程序中解脱出来,保持创业精力。增值服务指孵化器通过原创性和整合性的方式为创客提供涉及企业管理、财务管理、知识产权、税收、法律事务、市场营销、创业投融资、战略联盟、商业培训等体系化、深度化的服务内容。增值服务属于服务内容的拓展,是孵化器的价值体现,也是创客成功的关键。

3.1.1.3 创客内涵的界定

在孵企业和个人统称为"创客"。创客是科技孵化器内部接受孵化器提供各类初创服务、增值服务的中小初创企业或个人。创客从创业初期入驻孵化器，完成孵化器内的注册程序，到最终结束孵化并离开孵化器，都属于科技孵化器的创客。创客和孵化器是双向选择的过程，一方面创客要根据自身创业需求选择能够提供特色服务的孵化器进行孵化；另一方面，选择符合自身孵化器特色的创客也至关重要。因此，孵化器大多设立一定的入孵条件和标准，对优秀创客进行甄选，维护自身的企业形象，同时能够形成品牌特色。

3.1.2 孵化器发展历程

3.1.2.1 世界范围内孵化器发展历程

从世界范围内看，世界第一个孵化器诞生于美国——即"贝特维亚工业中心（Batavia Incubator Center）"。1959年，美国正值经济危机，企业大量破产，人员失业严重，约瑟夫·曼库索的家族买入贝特维亚的闲置工厂，将工厂改变为创业者需要的格局，并通过提供培训和办公设备等方式获取租赁回报。孵化器的建立在当时的时代背景下起到了提供就业岗位，保障社会稳定，缓解经济危机的作用。

综合现有国内外文献，可将世界范围内孵化器的发展分为三个阶段，每个阶段的特征与服务内容各不相同，均发生了较大变化：第一阶段（20世纪50年代末—20世纪70年代末）。该阶段初步提出"孵化器"的概念，并在实践中摸索发展。20世纪70年代末，全球共有15家孵化器[1]。孵化器管理方提供较为单一的服务，仅为创新创业人员提供物理空间与基本服务，很少涉及"软服务"。第二阶段（20世纪80年代初—20世纪90年代中）。本阶段孵化器迎来发展契机，孵化器在欧美国家得到极大发展，成为经济危机中美国政府寻求经济增长点、发展中小企业、推动科技发展的重要突破口。孵化器的数量持续增加，投资主体逐渐丰富，由政府主导逐渐扩展为政府、高校、科研院所、企业和社会等力量共同经营的模式；公益性和盈利性的孵化器并存；出现针对不同发展特点和发展阶段的不同行业的孵化器[2]；科技服务内容的外延范围不断扩大，服务方式不断创新，孵化器主要服务内容从提供物理场所向提供商业服务转变。孵化器经营管理方主要向创新创业人员提供诸如创业管理与咨询，培训和金融服务等。第三阶段（20世纪90年代末至今）。本阶段，在科技发展与信息时代的背景下，孵化器的发展朝着多元化方向发展，

---

[1] 孙大海. 科技企业孵化器面面观 [J]. 科技创业，2005（7）：61-61.
[2] 赵云波，邓婧. 科技企业孵化器与企业孵化器的联系与区别：基于时空背景转换的分析及启示 [J]. 自然辩证法通讯，2018，40（3）：87-94.

并不断适应孵化产业分工。孵化器为创新创业人员提供的服务内容与服务方式再次经历变革。孵化器不仅是物理空间的概念，更多地变为"集成平台"的概念。平台为孵化企业提供多种可供选择的信息和知识，通过联结内外部主体形成资源网络，进而为孵化企业提供企业管理运营和融资等商业服务以及网络孵化服务与虚拟孵化服务等。

3.1.2.2 中国孵化器的发展历程

1987年，中国首个孵化器——武汉东湖高新技术创业服务中心建立。此后，孵化器犹如雨后春笋般快速发展。研究综合现有文献，中国科技孵化器的发展主要分为四个阶段。

起步阶段（1987—1993年）。本阶段孵化器初步发展，孵化器为创客提供的服务手段单一，仅提供如房产租赁、经营场所与共享场地与设施等硬件服务。

稳步发展阶段（1993—1996年）。本阶段企业孵化器逐渐提升了科技服务技能，开始向提供"软硬件"服务过渡，并向工业化水平发展。孵化器开始有意识地与高校、科研院所、创业资本等机构紧密结合，推进科技孵化流程的完善，提供创业资本投资、企业科技研发、新产品生产等科技增值服务。

提升阶段（1997—2014年）。本阶段科技孵化器产业进一步发展，主要表现为网络化、国际化、虚拟化与产业化趋势。科技孵化器囊括了更为广阔的利益主体，如高校、科研机构、政府、银行、创业资本等金融机构；外包、中介服务机构等，形成区域网络、城市网络、资源网络等；科技孵化器不断向国家化与虚拟化的形式发展；孵化流程更为规范，盈利能力也在不断增强，产业化趋势初显。

快速发展阶段（2015年至今）。2015年3月2日，国务院出台《关于发展众创空间推进大众创新创业的指导意见》，指出在坚持市场导向的基础上，加强政策集成、强化开放共享与创新服务模式，构建低成本、便利化和开放式的众创空间，从而降低创新创业门槛、鼓励科技人员和大学生创业、支持创新创业公共服务，加强财政资金引导，完善创业投融资机制，丰富创业活动，宽容失败并营造全社会的文化氛围。在此政策的基础上，新兴孵化器——众创空间应运而生，推动了传统孵化器的发展与转型。孵化器能够向创客提供比上一阶段更为丰富、更为高级的服务，帮助创客与外部建立社会关系网络，更快、更好地获取外部资源，孵化器进入快速发展的新阶段。

综上，中国孵化器的发展阶段与世界孵化器发展阶段相符，都是从简单的服务模式向提供综合服务转变。但是，中国孵化器的发展也具有自身的特色，出现了如"众创空间"等来源于国外"创客空间"，但又相互区别的发展模式，适应了本国"大众创业、万众创新"的发展需求，并不断推动中国区域创新能力的发展。

3.1.3 科技孵化器的发展模式

对科技孵化产业发展历程地梳理可知，孵化器的发展早已摆脱了单一模式。刘平将孵化器发展模式分为制度模式、组织模式、战略模式和运营模式四方面[①]。战略模式包括：孵化器+自办企业、孵化器+外取服务、孵化器+专业咨询、孵化器+创业投资、孵化器+衍生服务、综合技术型孵化器、专业技术型孵化器、特殊服务对象型孵化器；运营模式划分为：共享空间+共享设施+共享服务、共享空间+共享设施+共享服务+专业咨询、共享空间+共享设施+共享服务+专业咨询+风险投资三种模式。本研究通过综合国内外文献并查阅2016年艾媒咨询报告，结合最新发展趋势，总结中国科技孵化器的发展模式有六种。

3.1.3.1 大企业主导模式

大企业主导型孵化器是指成熟的大企业通过现有的先进科技资源，以现有的强大企业为后盾，通过技术支持向创客提供便利的创新创业服务，并利用其雄厚的资金以及网络资源的能力为孵化器的发展带来新模式，并为上游企业培育新技术力量。中国移动、中国电信、中国联通、百度和腾讯等都建立了自身企业孵化器，如中国电信创新孵化基地等，促进自身创新能力的积聚，构建大企业创新氛围。该模式的特点如图3-1所示。

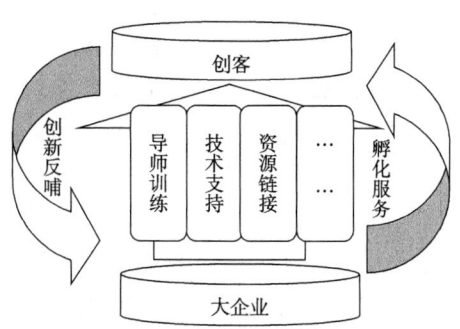

图3-1 大企业主导型孵化器服务模式

---

① 刘平. 科技企业孵化器网络行为与孵化绩效关系研究 [D]. 杭州：浙江大学，2012.

3.1.3.2 "天使+孵化"模式

"天使+孵化"型孵化器是指由民间资本或创业投资机构主导，通过一定的筛选条件对具有创新技术和创新服务模式的初创企业进行遴选，对入孵企业和创客进行天使投资和创业投资，并通过后续股权溢价盈利。最主要的特点是能够为初创企业提供天使投资，前期几乎净支出，不追求房租、培训费用。此类型孵化器如创新工场、联想之星等。

3.1.3.3 开放空间模式

开放空间型孵化器为创客提供更为开放的办公空间式的物理空间，提供共享办公设施或科技设备，并以工位计算租金。该模式是在传统孵化器模式上的升级，其更加注重服务质量和品牌效应，打造创业服务生态圈。此类型孵化器如车库咖啡和3W咖啡等。该模式的主要特点为低门槛、无须先进科技、无须产业基地和创业基金，与最新的互联网行业资源对接，向低成本创业者开放，能够提供丰富的创业培训和沙龙活动等。

3.1.3.4 媒体创新模式

媒体创新型孵化器是指依托媒介平台，依靠行业自身特点和对创业环境与创业相关的主题的报道中积累的创新创业服务的经验为创客提供帮助。媒体型孵化器可以借助其庞大的媒介平台的自身优势为创客进行宣传和全方位的展示，提升其项目知名度，为项目对接搭建桥梁，具有较强的公关能力，并能提供持续性的经济支持。此类型孵化器如36氪旗下氪空间等。

3.1.3.5 垂直产业模式

垂直产业型孵化器是指针对某一特定产业进行的定向孵化，特定产业具有地方性或政府倾向性，能够为创客提供先进产业技术和孵化基金，实现技术转化与产业化发展。垂直产业型孵化器已在该行业积累了大量人脉和行业资源，能够为本行业创客提供更有针对性的增值服务，依靠其强大的资源整合能力帮助创客成长。如广东文创投工厂为互联网和文化产业项目提供孵化服务。

3.1.3.6 虚拟孵化模式

虚拟孵化器是指孵化公司为创客提供的全方位线上服务平台。孵化器将自身平台与"互联网+"相结合，利用先进的网络技术，突破了物理空间以及区域的限制，为创客提供创新创业过程中所需要的服务与支持。

孵化器在中国发展已过而立之年，其形态不再局限于单一发展模式。在实践发展过程中，孵化器将朝着产业化和行业细分方向发展，孵化器会结合多种服务形式，以便更好地为创客服务，实现自身盈利目的。

3.1.4 科技孵化产业概念的基础

3.1.4.1 科技孵化产业的内涵

以往研究多针对单个孵化器的内部运作机理与绩效评估等微观层面进行。单个孵化器为创客提供创新创业、生产经营、办公、研发场地、共享设施，提供中介服务、政策、信贷与法律等方面的培训与服务，提升创客创新绩效与创新创业的能力。但是在"大众创业、万众创新"的要求下，随着科技孵化器的发展，单一孵化器所具有的资源分散，整合能力的局限，不足以满足创客对资源、知识与技术的需求，也不利于自身绩效的提升。同时，孵化器能够集成资源，使资源进行优化配置与共享，让知识在产业内自由流动，形成规模优势，促进区域创新能力的提升，因此，对区域范围内孵化器合力的研究至关重要。科技孵化产业为孵化器更大范围内的协同与集群提供了可能性，有必要对区域内整体孵化器即科技孵化产业的发展现状与发展机理进行研究。

本研究在综合前人研究的基础上，认为科技孵化产业是在一定区域空间范围内，多类型科技企业孵化器的总和。科技孵化产业是汇集多类型科技孵化器、辅助孵化器，为孵化器内创客创新创业、生存与成长提供帮助的高校、研究机构、政府、中介机构及社会大众等智力资本构成的协同网络创新系统。单个孵化器是整个孵化产业内孵化现象的缩影，孵化产业是单个孵化器在一定区域内的集合和延伸。

王艺博从区域空间分布视角将科技孵化网络分为四个方面：以城市或地区为地域的科技孵化网络；以跨城市为地域的科技孵化网络；以整个国家为地域的科技孵化网络；国际科技孵化网络[①]。本研究主要针对以城市或地区为地域的科技孵化网络。

科技孵化产业是区域空间概念范畴的科技孵化系统，孵化器是科技孵化产业的核心。不同种类的孵化器如科技企业孵化器、专业孵化器、科技园、众创空间等在产业内密切联系，资源交互、信息共享、优势互补，共同促进产业的协同发展。除了包括多种类孵化器之外，还包括对孵化器中创客成长起辅助作用的支持系统，如高校、科研机构、中介机构、政府、社会大众等主体，并构成资源网络，持续为科技孵化产业提供优质资源和知识服务。这些资源主体即为科技孵化产业的智力资本，提升了创客科技创新的能力与创业成功率，也推动了科技孵化产业化进程。

---

① 王艺博. 外部环境、孵化网络对孵化绩效影响的实证研究 [D]. 长春：吉林大学，2013.

3.1.4.2 科技孵化产业的特征

科技孵化产业在为孵化器与创客服务的过程中,在外部环境与内部运作的影响下,产业内部各类中介机构、政府、高校、科研机构与社会大众等进行知识的交互与共享,要素与主体联系紧密,内部边界逐渐被打破,外部边界逐渐扩大;创客的需求能在孵化产业中找到合适的辅助者和委托者,导致交易成本的降低;同类型的创客在产业内表现为高度竞争,地理邻近性或互补性企业表现为紧密合作,合作与竞争导致资源的优化配置;科技孵化产业地理位置优势以及产业协同与集聚的可能性,降低了创业成本,提升了创新效率。归纳起来,科技孵化产业主要表现为根植性特征与协同性特征。科技孵化产业根植性表现为科技孵化产业内的活动依赖于特定的地理范围、区域环境。科技孵化产业属于区域创新系统的范畴,是促进区域创新创业的中坚力量。科技孵化产业会受到区域政治、经济与社会文化等因素的影响,这些影响根植于产业内,影响孵化器和创客的习惯与社会关系网络。协同性特征主要表现为科技孵化产业内包含多种能够促进创客创新创业的资源主体,这些资源主体与创客、孵化器构成有机整体。孵化产业政府、中介机构、高校与科研机构通过一定的机制,为孵化器与创客提供优质资源,各资源主体相互独立,又相互合作,知识在主体之间进行交换与吸收,使得孵化产业资源网络不断演变,资源系统不断自组织,由无序向有序转变。因此,科技孵化产业具有协同性的特征与基础。

3.1.4.3 科技孵化产业的功能

科技孵化产业具有科技创新与创业孵化的能力,形成政、产、学、研、资、介六螺旋发展结构,融合人力资本、结构资本和关系资本多种资源,促进人才、知识、技术和信息的自由流动,建立起以各类型孵化器为依托,以创客为主要服务主体,以科技创新为目的,以市场为导向的培育机制和创新体系。科技孵化产业除了具有内在特征以外,还具有四方面功能。

(1) 知识扩散功能。科技孵化产业具有知识扩散功能。首先是在孵化器内,创客与资源主体、创客与创客之间进行知识的交流与共享,通过内部竞合关系与内部协调机制,带来孵化器内部知识的外溢与扩散;其次,孵化器与创客创新创业知识、技术创新知识向孵化器外部即产业内部扩散,孵化器与孵化器之间、孵化器与产业内部资源之间同样进行知识的转移与扩散。创客将科技知识转化为科技成果,并将科技成果进一步转化为新产品,进而推向市场,结合大量优质资源,完成知识的吸收、反馈、扩散与循环过程。

（2）资源集成功能。由定义可知，科技孵化产业内部汇集了作用于创客创新创业的各类资源，主要包括人力资本资源、技术资源、信息资源、关系资源等。科技孵化产业为孵化器与创客搭建沟通的平台与桥梁，囊括高校与科研机构、创业投资和中介服务机构，实现产业内资源要素的共享、集成与优化配置，通过制定有效的运行机制，将资源用于孵化器内创客的培育与成长，从而使得创客由弱变强，适应市场的发展，成为区域创新发展的增长极。

（3）创新氛围营造功能。科技孵化产业具有创新氛围营造功能。其中创客与孵化产业中的创新环境具有双向促进的作用。一方面，优质的创新创业环境能够吸引创客的加入，能够为创客提供更好的软硬件设施，如良好的创业办公环境，政府大力支持发展科技孵化产业，市场活跃并具有较高接纳程度，科技发展水平较高，知识产权保护水平较高，社会认可程度较高，具有较为完善的培育流程，创客公寓，良好文化氛围等，极大地提升了创客创业的成功率，提升了创客与资源互动的水平。另一方面，创客对于区域创新环境具有反哺作用。对创客的培育反过来改善了产业的创新创业环境。孵化产业可以根据创客成功的经验，对培育机制和资源进行改善，以便更好地服务其他创客，也使得产业宏观创业环境和创客微观环境互动，达到创新环境改善的目的。

（4）创客培育功能。创客培育功能是科技孵化产业的主要功能。其对创客的培育主要表现在：孵化产业根据政策方向和产业关联度选择优秀创客进行培育，同时吸纳优质资源，与创客形成竞争与合作，构建产业内部的创新产业链与价值链；充分发挥资源效能，优化资源配置，利用政、产、学、研、资、介六螺旋结构，为创客创业提供全方位的服务。通过建立良好的沟通渠道等方式，实现创客上下游联动，加速创客产业化进度，进而促进产业结构升级。

在现有研究中，存在科技孵化产业概念模糊，将科技孵化产业与科技孵化器完全等同的认知和做法，阻碍了对孵化器的研究。通过上述对科技孵化器与科技孵化产业定义与特征的界定，本研究认为，科技孵化产业从理论与实践上都不能简单地等同于科技孵化器的概念，科技孵化产业与科技孵化器既相互联系又相互区别。科技孵化产业具有科技孵化器不具有的内部特征，也具有更为丰富的内涵，比起单个孵化器对创新创业发挥更大的作用。明确孵化产业与孵化器的区别，是本研究的理论基础与重要工作之一。

3.1.5 科技孵化产业发展概况

3.1.5.1 科技孵化产业发展区域差异性

在近30年的实践过程中,科技孵化产业依靠国家及各区域制定的相关政策与提供的发展条件,为创业企业和个人提供多种服务,帮助创客完成创业,创造创业创新氛围,促进产学研的结合,为社会提供就业机会和新的经济增长点,逐渐成为链接科技知识与科学技术产业的桥梁,提升区域创业、创新能力的关键环节,成为创新成果转化的重要载体,促进中小企业发展的中坚力量,国家创新体系的重要组成部分。但同时也应看到,在科技孵化产业迅速发展的同时,中国科技孵化产业发展还存在较大的地区差异,在孵化产业投入和产出方面均存在不平衡状况。

从全国范围看:根据2010—2017年《中国火炬统计年鉴》,中国科技孵化器数量与在孵企业数量呈现逐年上升的趋势。其中,根据2017年版《中国火炬统计年鉴》,2016年年底,中国科技孵化器数量为3 255家,孵化总收入达到3 081 547万元,在孵企业数量为133 286个。而2015年,中国科技孵化器总数量为2 533家,孵化总收入为3 168 522万元,在孵企业数量为102 170个,孵化器数量同比增长28.5%,孵化器总收入同比减少2.7%,在孵企业数量同比增长30.5%,2016年较2015年孵化器企业数量与在孵企业数量具有较大幅度的增长,而孵化总收入略减少。

从区域范围看:本研究根据《中国火炬统计年鉴》,将全国分为东部地区(北京、天津、河北、上海、江苏、浙江、福建、山东、广东和海南10个省份)、中部地区(山西、安徽、江西、河南、湖北、湖南6个省份)、西部地区(内蒙古、广西、重庆、四川、贵州、云南、西藏、甘肃、青海、宁夏和新疆11个省份)和东北地区(黑龙江、吉林、辽宁3个省份),为协调数据指标的一致性,本研究选取2014—2016年各区域科技孵化产业区域发展指标,对各区域指标进行对比研究(见表3-1)。

对比结果表明,在科技孵化产业总体呈现快速发展的同时,科技孵化产业的发展仍然存在较大区域差异。以2016年为例,在六个指标中,东部地区孵化器数量占比为64.15%,孵化器总收入占比为68.30%,孵化基金总额占比为73.81%,对公共技术平台投资额占比为62.89%,在孵企业数占比为62.31%,在孵企业从业人员占比为59.76%,东部地区占有绝对的领先优势,各种资源主要集聚在东部地区,各指标数值高于西部、中部与东北地区之和。

表 3-1 全国科技孵化产业区域发展情况（2014—2016 年）

年份	地区	孵化器数量（个）	占比（%）	孵化器总收入（千元）	占比（%）	孵化基金总额（千元）	占比（%）	对公共技术平台投资额（千元）	占比（%）	在孵企业数（个）	占比（%）	在孵企业从业人员数（人）	占比（%）
2014	合计	1 748	—	20 455 356	—	22 735 758	—	7 710 886	—	78 965	—	1 417 122	—
	东部地区	1 200	68.65	13 643 055	66.70	16 552 005	72.80	5 530 032	71.72	51 966	65.81	869 891	61.38
	中部地区	236	13.50	1 991 166	9.73	3 099 408	13.63	723 963	9.39	11 634	14.73	246 404	17.39
	西部地区	176	10.07	3 437 549	16.81	2 190 032	9.63	911 599	11.82	9 801	12.41	201 711	14.23
	东北地区	136	7.78	1 383 586	6.76	894 313	3.93	545 292	7.07	5 564	7.05	99 116	6.99
2015	合计	2 533	—	31 685 217	—	36 565 208	—	11 764 282	—	102 170	—	1 662 492	—
	东部地区	1 646	64.98	23 570 823	74.39	26 230 927	71.74	8 413 923	71.52	64 824	63.45	996 024	59.91
	中部地区	323	12.75	2 934 540	9.26	5 261 590	14.39	822 841	6.99	15 489	15.16	296 146	17.81
	西部地区	328	12.95	2 993 817	9.45	2 838 428	7.76	1 673 437	14.22	14 139	13.84	244 689	14.72
	东北地区	236	9.32	2 186 037	6.90	2 234 263	6.11	854 081	7.26	7 718	7.55	125 633	7.56
2016	合计	3 255	—	30 815 474	—	68 779 375	—	6 985 336	—	133 286	—	2 120 525	—
	东部地区	2 088	64.15	21 047 784	68.30	50 766 218	73.81	4 393 417	62.89	83 046	62.31	1 267 124	59.76
	中部地区	407	12.50	3 226 363	10.47	5 518 160	8.02	730 753	10.46	21 535	16.16	407 492	19.22
	西部地区	471	14.47	4 731 635	15.35	10 579 284	15.38	1 112 706	15.93	19 474	14.61	309 980	14.62
	东北地区	289	8.88	1 809 692	5.87	1 915 713	2.79	748 460	10.71	9 231	6.93	135 929	6.41

数据来源：《中国火炬统计年鉴》。

进一步分析相关数据,并根据各区域各指标占比情况绘制全国各区域科技孵化产业指标年份分布图,由图 3-2 可知,虽然中西部包括的省份数量不同,但两个地区科技孵化发展水平在总体中所占比重相当,发展水平相似。值得注意的是,2015—2016 年,东部地区的孵化器数量、孵化器总收入、孵化基金总额、对公共技术平台投资额、在孵企业数和在孵企业从业人员六项指标,在全国指标总体中的比重呈现下降的趋势,而中部和西部六项指标在总体中的比重呈现上升的趋势,表明这三年中部和西部科技孵化产业发展加速,发展能力不断提升。

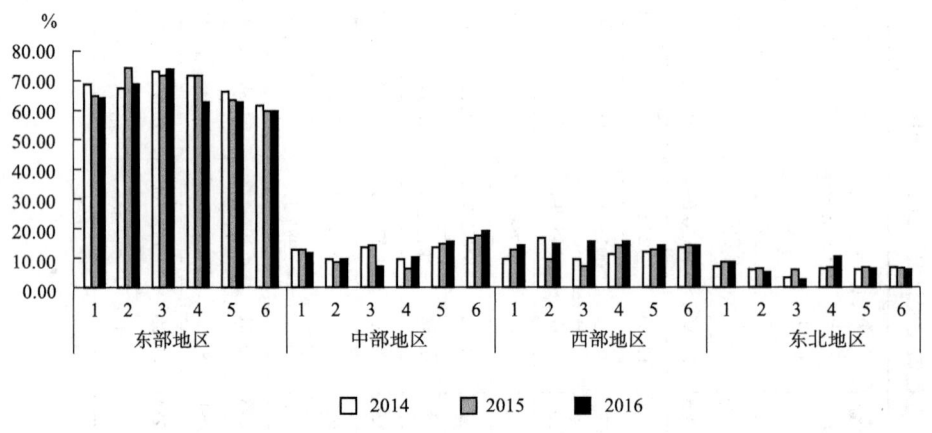

图 3-2　全国科技孵化产业指标年份分布

3.1.5.2　科技孵化产业发展趋势

科技孵化产业发展现状和区域差异性的研究表明,尽管孵化产业发展存在地区分布差异、资源受限问题,但总体看产业发展健康,具有较为光明的发展前景与良好的发展趋势。科技孵化产业愈发专业化,培育创客更加具有针对性,从行业角度对孵化创客进行细分,提供更为专业的、配套的、齐全的孵化设施。孵化产业内部链接具有高关联度的上下游产业,以内生创业、衍生创业与公司创业等为主导,与互联网、智能制造等新生产业协调融合,使得产业不断升级;科技孵化产业发展模式多样化,多孵化模式的推陈出新使得传统孵化器向其他领域延伸,如大企业孵化器、虚拟孵化器、创业导师工作站等。孵化器与各种资源交互的方式和途径逐渐丰富,进而推动更多产业科技项目的转化。如产业内上演全链条的协调融合,"创业链条+孵化器+加速器"的孵化链条更为普及,孵化模式更为多层次、立体化。产业内以工位计费仅提供物理空间的传统型孵化器逐渐淡出市场,小批量、专业化、高强度、集约化的孵化器不断涌现。这些新型孵化器以市场为导向，满足创客的个性化需求，引导科技孵化产业新的商业模式出现，对产业进行重塑，创造新的投资空间。

3.2 科技孵化产业智力资本理论基础

在提出科技孵化产业概念的基础上，对科技孵化产业发展现状及区域发展差异性进行分析，可见科技孵化产业区域发展存在较大差异。那么，是什么因素决定了科技孵化产业的区域发展差异性。学术界将智力资本与孵化器、孵化产业结合的研究文献稀少，而智力资本在知识经济时代的重要性凸显，本研究在综合前人研究以及总结实践经验的基础上认为，智力资本已成为科技孵化产业集聚资源、获取竞争优势的关键所在。因此，本节将孵化产业与智力资本的概念相结合，从人力资本、结构资本、关系资本三维度，建立科技孵化产业"H-S-R"模型，考察智力资本的概念及维度。

3.2.1 科技孵化产业智力资本的内涵与特征

3.2.1.1 科技孵化产业智力资本的内涵

本研究在综合国内外有关智力资本与区域智力资本定义的基础上，将科技孵化产业智力资本定义为：一定地理空间范围内，科技孵化产业内部所拥有的能够为其中所有孵化器，以及整个孵化产业带来持续竞争优势、进行价值创造的知识资产与能力。它们实质上是以所拥有的知识为存在载体，在产业内将资源转化为价值，能够产生比较竞争优势，通过资源整合创造未来经济效益。由于存在一定的地理空间范围内，科技孵化产业智力资本既属于区域智力资本范畴又属于产业智力资本范畴。

3.2.1.2 科技孵化产业智力资本的特征

智力资本具有无形性、价值性、多元性等特征。智力资本是能够进行价值创造的知识资产，因此具有价值性；智力资本包含多维度，包括人力资本、关系资本和结构资本等多元维度，囊括不同主体：如企业、高校与研究所、银行等中介机构，具有多元属性。除了智力资本本身具有的属性外，当科技孵化产业与智力资本结合后，又产生了四个特征。

（1）地域性。科技孵化产业的存在依托于一定的地理空间，不同区域的科技孵化产业智力资本要素内容不同，不同区域的科技孵化产业环境也存在差异，因此智力资本具有明显的地域性。通过比较不同区域的科技孵化产业智力资本优势与劣势，有针对性地提出不同区域科技孵化产业智力资本协同发展的政策与方案，提升不同区域科技孵化产业的发展水平与竞争力。

（2）网络性。科技孵化产业智力资本内部三维度协同，外部与创客及孵化器等主体构成协同创新系统，从而形成内外部交叉圈层结构，是复杂系统结构。系统内部各要素进行知识吸收、转移、交互和积累，通过系统内部各行为主体的知识存量和网络范围内外知识流动效率等关键环节进行价值创造与增值，具有复杂网络属性。明确区域科技孵化产业智力资本资源，提升其网络能力，提升产业资源利用效率与产业化发展。

（3）创新性。科技孵化产业智力资本以知识为载体，在科技孵化产业智力资本系统内部进行知识创新工作，科技孵化产业为智力资本提供知识创新、技术创新、政策创新、管理创新与组织创新的平台。科技孵化产业创新性是最基本也是最重要的属性。如何最大程度地发挥科技孵化产业智力资本的创新属性作用，是本研究探究的目标之一。

（4）动态性。科技孵化产业智力资本受区域内环境因素约束以及主体变动影响。如政策的变化，科技成果的产出，资金的投入等都对智力资本效用的发挥产生影响。科技孵化产业智力资本与周围环境进行交互，具有动态属性，因此要把握其动态性，用动态眼光看问题，营造有利于科技孵化产业智力资本发展的环境，实施有利政策。

科技孵化产业建立资源交互与知识共享的平台，将多元性智力资本资源联系起来，充分挖掘不同主体的潜能，构建复杂系统，实现网络化，不断与外界环境进行交互并寻求动态适应，促进孵化器与创客良性互动，加快科技成果转化，促使创新创业的成功，最终实现创新价值增值。

3.2.2 科技孵化产业智力资本三维要素

智力资本是单个孵化器以及孵化产业获得可持续竞争优势的不竭动力，是价值创造的核心，是实现孵化器生产经营目标的无形资产，也是科技孵化产业永葆活力的源泉。本研究将智力资本的概念与孵化产业相结合，构建孵化产业智力资本"H-S-R"三维要素结构，要素维度、要素概念、要素体现与来源如表3-2所示。

表 3-2 科技孵化产业智力资本结构

智力资本要素	要素内涵	要素体现	来源
人力资本 (human capital, H)	孵化产业内所有孵化器管理人员提供服务的知识和技能	人员数量 人员质量	Nahapiet 等① Johnson② 李凌芳③
结构资本 (structural capital, S)	孵化产业内所有孵化器人力资本、关系资本发挥作用的平台、组织文化和服务架构	服务平台 制度平台 文化平台	
关系资本 (relational capital, R)	孵化产业内所有孵化器利益相关者的关系网络与交互网络	与高校、科研机构、金融机构、中介机构、社会大众、政府、关系创客的关系	

3.2.2.1 人力资本维度

人力资本是指不归企业或组织所有，是员工或组织成员所具备的隐性知识、能力和经验，如知识背景、先前工作经验、业务素质和创新能力等，它是智力资本最主要的来源。Stewart 用人员数量指标对企业人力资本进行测量④；Johnson 从企业管理人员受教育水平、工作经验等方面对人力资本进行测量⑤；Petty 等认为，人力资本体现为员工能力水平和教育水平⑥。本研究在综合前人研究的基础上，认为科技孵化产业的人力资本资源是指孵化产业内部所有孵化器管理人员所具有的知识和能力的总和，包括人员数量和质量两

---

① NAHAPIET J, GHOSHAL S. Social capital, intellectual capital, and the organizational advantage [J]. Academy of management review, 1998, 23 (2): 242-266.

② JOHNSON W. Integrative taxonomy of intellectual capital: measuring the stock and flow of intellectual capital components in the firm [J]. International journal of technology management, 1999, 18 (5): 562-575.

③ 李凌芳. 企业孵化器智力资本对知识转移及在孵企业成长的影响研究 [D]. 上海：华东理工大学，2011.

④ STEWART T, RUCKDESCHEL C. Intellectual capital: the new wealth of organizations [J]. Performance improvement, 1998, 37 (7): 56-59.

⑤ JOHNSON W. Integrative taxonomy of intellectual capital: measuring the stock and flow of intellectual capital components in the firm [J]. International journal of technology management, 1999, 18 (5): 562-575.

⑥ PETTY R, GUTHRIE J. Intellectual capital literature review: measurement, reporting and management [J]. Journal of intellectual capital, 2000, 1 (2): 1176-1655.

个维度，人力资本要素构成如表 3-3 所示。

表 3-3　科技孵化产业智力资本人力资本维度要素构成

资本维度	构成要素	各要素具体内容
人力资本	人员数量	管理人员总数
	人员质量	员工人才密度
		员工工作经验积累
		工作内在动机
		员工协作倾向

（1）人员数量。人员数量主要是指科技孵化产业内所有科技孵化器中在编的管理人员总数。

（2）人员质量。人员质量指的是科技孵化产业内所有孵化器中管理人员具有的相关知识、能力、经验、价值观等素质的水平，本研究中主要指员工人才密度、员工工作经验积累、工作内在动机与员工协作倾向。

人员数量和人员质量一定程度上反映了科技孵化产业内创新知识与技术的存量与流量水平。科技孵化产业人力资本是通过教育和实践等投资，凝结在人身上的集聚现实与未来价值的各类要素的总和，对外显示为科技孵化产业对于专业人才的吸引力，对内表现为科技孵化产业内人才的成长潜力与创新潜力。人力资本要素在科技孵化器内部以及科技孵化产业内协同交互，为知识转移和共享提供知识和技能，在组织中起到核心作用。

3.2.2.2　结构资本维度

结构资本是企业或组织所属的资产，包括企业或组织显性知识和编码知识，是支持人力资本、关系资本，保障企业或组织知识运营的基础机制，主要包括专利、著作、商标、工作方法、决策机制、制度流程、工作氛围等。Petty 等将结构资本用基础设施和业务流程进行衡量[1]；而 Seetharaman 用企业文化层面、管理流程以及专利等指标进行测量[2]；Brooking 认为，可以从文化、流程、信息系统、网络基础等方面进行测量[3]。

本研究在综合前人有关结构资本研究的基础上将科技孵化产业结构资本定义为：科技孵化产业内所有孵化器内催化人力资本和关系资本发挥作用的

---

[1] PETTY R, GUTHRIE J. Intellectual capital literature review: measurement, reporting and management [J]. Journal of intellectual capital, 2000, 1 (2): 1176-1655.

[2] SEETHARAMAN A, LOW K L T, SARAVANAN A S. Comparative justification on intellectual capital [J]. Journal of intellectual capital, 2004, 5 (4): 522-539.

[3] BROOKING A. Intellectual capital [M]. London: International Thomson Business Press, 1996.

组织环境和服务平台的总和。这个环境和平台既包含服务层面的内容也包括制度层面和文化层面的内容，结构资本要素构成如表3-4所示。

表3-4 科技孵化产业智力资本结构资本维度要素构成

资本维度	构成要素	要素内容
结构资本	服务层面	信息服务系统
		硬件
		专业实验室
		孵化流程
		公共共享空间
		创业公寓
		自有专利
	制度层面	知识共享制度
		组织激励制度
		组织学习制度
	文化层面	组织精神
		学习与创新氛围
		组织认同与组织形象
		组织价值观与经营哲学

（1）服务层面。服务平台是指科技孵化产业内孵化器为创客提供基本服务与增值服务的内容。服务内容能够满足创客创新创业的需求。本研究中服务平台主要包括：信息服务系统、硬件、专业实验室、孵化流程、公共共享空间、创业公寓与自有专利。

（2）制度层面。制度层面是指科技孵化产业内孵化器为加强自身管理，激励创客更好地进行创新创业的各种制度。本研究中主要指知识共享制度、组织激励制度与组织学习制度。制度层面是孵化器有效运作的基础。

（3）文化层面。文化层面是指科技孵化产业内孵化器全体员工与创客认同和共享的价值观和范式的内容。本研究中主要包括：组织精神、学习与创新氛围、组织认同与组织形象、组织价值观与经营哲学等。文化平台与科技孵化器、孵化产业经营理念和战略目标一致。

科技孵化产业的结构资本是科技孵化器与孵化产业实现绩效的基础，也是其高效运作的保障。结构资本固化于科技孵化器内部，动态变化发展，不断积累并持续作用。

3.2.2.3 关系资本维度

关系资本是指客户的嵌入式知识,包括与合作伙伴和利益相关者关系的偏好,反映企业或组织通过内外部关系获得的各类知识和能力,如员工关系、顾客关系、供应商关系及与其他机构的关系等,关系资源和知识在这些关系交织的社会关系结构中流转。本研究将科技孵化产业智力资本的关系资本维度定义为:科技孵化产业内部所有孵化器与利益相关者构成的社会网络,以及通过网络交互获得的内外部知识和技能的总和。由于科技孵化产业以服务为主、科技孵化的特性,高校科研机构、金融机构和创客成为科技孵化产业内重要的利益相关者。同时,其接受政府资助,并服务于社会公众,因此,关系资本可以体现为与高校、科研机构、金融机构、政府、创客、其他中介机构和社会大众的关系,关系资本要素构成如表3-5所示。

表3-5 科技孵化产业智力资本关系资本维度要素构成

资本维度	构成要素	要素内容
关系资本	与高校、科研机构的关系	技术联盟
	与金融机构的关系	资金联盟
	与政府的关系	资金支持
		政策支持
	与创客的关系	与在孵创客的关系
		与毕业创客的关系
	与其他孵化器的关系	与产业内孵化器的联系
	与社会大众的关系	社会知名度
		行业知名度
	与其他中介机构的关系	其他合作

(1)与高校、科研机构的关系。高校与科研机构在关系资本中具有重要作用,主要体现为技术联盟。一方面,高校与科研机构从事大量基础研究工作,是科技孵化产业主要知识供给来源,提供基础性、前沿性与战略性的研究工作,并进行技术创新与技术转移活动;另一方面,高校与科研机构能够提供与输送大量技术创造与知识创造的人力资源,成为创客或者对创客进行科技服务的人员。

(2)与金融机构的关系。金融是经济的核心,金融机构对科技创新具有巨大的促进作用。金融机构包括银行、信贷、非银行机构与创业投资等。金融机构能够强化政府对科技孵化产业政策的支持,为创客拓宽融资渠道,满足科技创业需求，进行风险投资与担保等，为创客科技成果转化提供资金支持。金融机构是科技孵化产业关系资本的支柱。

（3）与政府的关系。政府是科技孵化产业关系资本中最重要的环境变量。政府部门组织区域创新活动，引导和规范行业行为，进行宏观调控，为科技孵化产业的发展创造良好的环境与条件，提供相关政策支持与政策服务，促进孵化产业内外部以及孵化产业所在的区域内外部之间的交流与合作。政府主要为科技孵化产业提供资金支持与政策支持。

（4）与创客的关系。创客是科技孵化产业与科技孵化器的主要服务对象。创客是研究开发、创新创业的主体，是创新体系的核心，是知识创新与技术运作的传播者与受众，在孵创客不断吸收来自高校与科研机构的科技输入，接受来自其他金融中介机构的服务，将吸收的知识转化、应用、增值并进行二次传播，创客本身携带大量的关系资本；毕业创客由于已经具有成熟的创新能力会对科技孵化产业形成反哺作用。因此，本研究中与创客的关系主要体现为与在孵创客的关系以及与毕业创客的关系，科技孵化产业与创客的关系是关系资本重要的组成部分。

（5）与孵化器的关系。科技孵化产业囊括了多个科技孵化器，关系资本同样体现为科技孵化产业内科技孵化器之间的关系。同区域科技孵化产业内不同的孵化器携带不同的知识、经验和技术，孵化器自身的人力资本、结构资本和关系资本都成为产业内其他孵化器的外部关系资本。不同孵化器间的交流，有利于相互提升经营能力与科技服务能力，有利于创新绩效水平的提高。

（6）与社会大众的关系。与社会大众的关系主要体现在科技孵化产业内科技孵化器的品牌效应，即被社会大众所熟知与认可的程度。科技孵化器的品牌效应越强，被社会认可程度越高，越能吸引高质量的初创企业，越能集聚优质资源，越能更好地进行科技创造，提升科技孵化产业绩效水平。本研究中与社会大众的关系主要体现为社会知名度与行业知名度。

（7）与其他中介机构的关系。中介机构是科技孵化产业内沟通高校及研究机构与创客之间知识流动的重要环节，是推动内部知识扩散的主要环节。孵化产业的目标在于培育创客。中介机构按照创客与孵化器需求提供各种科技服务与技术知识，如信息服务、创业辅导与交流活动等，为创客成长起到辅助作用。中介机构所涉及的服务方面、中介机构的质量与数量是衡量科技孵化产业服务体系是否完整，服务能力是否强劲的重要指标。

关系资本涉及高校与科研机构、政府、中介机构、社会大众、金融机构与创客等行为主体，多主体成为科技孵化产业重要的关系资源，通过利益相关主体之间的交易互动，逐渐构筑起稳定长期的知识创造与知识流动的合作关系网络。

3.3 科技孵化产业智力资本协同透视

从对科技孵化产业智力资本"H-S-R"三维度定义及内涵可以看出，三维度并非独立存在、相互割裂，而是存在相互关系，本节试图厘清三维度之间相互关系及三维度内部的协同机理。科技孵化产业智力资本内部人力资本、结构资本和关系资本形成"H-S-R"三维协同结构。科技孵化产业智力资本"H-S-R"三维度多主体相互协同、深入交互，构成提升孵化器服务效率，促进创新创业的根本。因此，阐明科技孵化产业智力资本协同内涵、协同关系、协同模式与协同机制是本研究的目标之一，也是下文研究的理论基础。

3.3.1 科技孵化产业智力资本协同的内涵

赫尔曼·哈肯将协同定义为系统各个部分之间进行协作，从而使整个系统形成个体层次不存在的结构与特征。他认为，协同揭示复杂系统演化与自组织过程与一般模式[①]。根据复杂系统理论、协同内涵与智力资本内涵以及科技孵化产业智力资本各要素之间发生创新作用并不是简单地、技术性地积累，而是存在复杂的非线性作用，是一个三维度、多主体发生交互作用的复杂动力学过程。这种非线性作用的发生，需要通过协同效应构建一种正反馈机制，实现系统各部分有序。为了更好地发挥智力资本效应，更好地促进人力资本、结构资本和关系资本的协同，更深层次地影响科技孵化产业创新的绩效，需要对科技孵化产业智力资本三维协同模式进行透视。

因此，本研究认为，科技孵化产业智力资本协同内涵是指科技孵化产业多样性、异质性的智力资本三维度之间及各维度自身之间存在相互耦合协同的关系。其中，科技孵化产业三维协同不同于单个孵化器的三维协同，主要包括三个层面：第一，单个孵化器智力资本中人力资本、结构资本和关系资本三维度之间的协同；第二，单个孵化器智力资本中人力资本、结构资本和关系资本各维度内部要素之间的协同；第三，不同孵化器之间的智力资本的协同。

3.3.2 科技孵化产业智力资本协同关系

在研究科技孵化产业三维度协同模式与协同机制之前，首先要明确三维

---

① 哈肯. 协同学：理论与实践 [M]. 北京：中国科学技术出版社，1990.

度之间的协同关系，明确其是否具有协同的基础。综合现有国内外文献，大部分研究认可智力资本三维度之间的协同关系。其中，在智力资本三维度是否存在协同关系研究方面，李凌芳认为孵化器智力资本三要素并非独立存在，是通过不断联系、补偿和转换进行知识转移的[1]；陈武提出智力资本三维要素存在复杂非线性作用，必须统筹发展[2]；徐爱萍将人力资本视为智力资本的起点，结构资本视为基础，关系资本视为保障，对三维度相互关系进行研究，提出智力资本三维要素不断互动，使得整个智力资本系统被不断优化[3]；李鹏指出，三维度之间知识流动与转移，不断融合和交流，形成价值网络，不断与环境交互，带来价值增值[4]；Dzinkowski 认为，人力资本是智力资本的基础，是影响结构资本和关系资本最关键的因素[5]；张文贤等指出，物质资本和人力资本共同促使结构资本和关系资本的产生[6]；Edvinsson 等指出，结构资本转化成人力资本并发挥作用[7]；Jannie 等认为，人力资本资源来自关系网并为组织所拥有[8]；Bontis 对人力资本与关系资本的关系进行实证研究，表明人力资本显著影响关系资本，高素质员工更有利于提升工作氛围，为客户进行更好地服务，更能吸引客户与利益相关主体[9]。Andrew 等的研究表明人力资本对关系资本的形成起到基本作用，关系资本是人力资本发展的重要因素[10]；Bollen 等提出，关系资本能够有效解决员工与客户等开展业务过程中产生的问题，并能促进创新活动的开展，进而影响企业业务流程的标准化进程，即关系资本显著影响结构资本[11]；徐爱萍提出，人力资本和结构资本结合形成结构

---

[1] 李凌芳. 企业孵化器智力资本对知识转移及在孵企业成长的影响研究 [D]. 上海：华东理工大学, 2011.
[2] 陈武, 何庆丰, 王学军. 基于智力资本的三维协同区域创新模式研究 [J]. 情报杂志, 2011, 30 (2)：90-95.
[3] 徐爱萍. 智力资本三维提升组织绩效的路径与机理分析 [D]. 武汉：武汉理工大学, 2010.
[4] 李鹏. 企业智力资本价值网络的分析 [J]. 价值工程, 2007 (11)：32-35.
[5] DZINKOWSKI, RAMONA. The value of intellectual capital [J]. The journal of business strategy, 2000, 21 (4)：3-3.
[6] 张文贤, 傅颀. 以人力资本为中心的资本结构体系 [J]. 经济学家, 2006 (3)：83-88.
[7] EDVINSSON L, SULLIVAN P. Developing a model for managing intellectual capital [J]. European management journal, 1996, 14 (4)：356-364.
[8] JANNIE N, SUMANTRA G. Social capital, intellectual capital and the organizational advantage [J]. Academy of management reviews, 1998, 23 (2)：119-157.
[9] BONTIS N. Intellectual capital：An exploratory study that develops measures and models [J]. Management decision, 1998, 36 (2)：63-76.
[10] ANDREW C I, TSANG E K. Social capital, networks, and knowledge transfer [J]. The academy of management review, 2005, 30 (1)：146-165.
[11] BOLLEN L, VERGAUWEN P, SCHNIEDERS S. Linking intellectual capital and intellectual property to company performance [J]. Management decision, 2005, 43 (9)：1161-1185.

化人力资本，员工的知识和技能的提升由组织结构支撑①。

以上研究将智力资本视为科技孵化产业稀缺性、创新性的资源，智力资本三维度不断联系，相互促进并动态转换（见图3-3所示）。

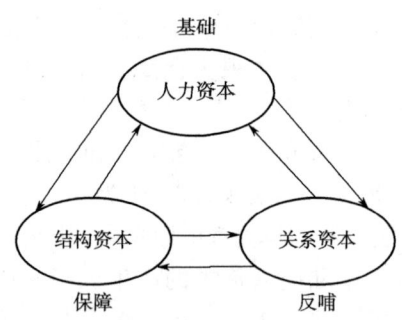

图3-3 科技孵化产业智力资本三维协同关系

人力资本是促进空间知识积淀、组织创新和维持组织经营优势的动因与基础。高素质、高学历和丰富资质的人力资本促成与利益相关者之间的合作并带来关系资本，同时也为服务、制度和文化等结构资本的建立和完善提供了人才支持。人力资本水平越高，员工的工作能力就越强，交流沟通能力就越强，与外界关系资本交互的水平就越高，越能提升创客与外界利益相关主体对孵化器的了解和信任；结构资本是空间高效运作的保障，是孵化产业内书面化的知识，可将孵化产业日常工作和实践中逐渐积累和形成的标准工作流程和实践经验内化于文档等结构资本中。孵化产业流程的高低决定了孵化器与创客之间沟通成本的高低。孵化产业服务能力越高，创客与孵化器之间信任程度越高；孵化产业文化氛围越和谐，创客学习能力、创新和协作能力越强。创新文化氛围、完善的服务体系和激励制度成为人力资本实现的通道，同时也吸引了优质关系资本的集聚与青睐。服务层面、制度层面和文化层面之间同样存在相互作用的关系。关系资本是孵化器区别于其他对手的竞争优势、经营结构多元化的来源，体现为孵化器品牌形象，是对优质人力资本的反馈，是对完善的结构资本的反哺。不同利益相关者与创客的关系相互交织成价值网络，融合并进。"H-S-R"三维资本相互作用和依赖并且与物质资本协作，合力实现科技孵化产业价值创造，有效促进科技孵化产业与创客创新绩效的提高。

---

① 徐爱萍. 智力资本三维提升组织绩效的路径与机理分析［D］. 武汉：武汉理工大学, 2010.

3.3.3 科技孵化产业智力资本协同模式

科技孵化产业内智力资本协同模式建立在三维度协同关系的基础之上。将智力资本（intellectual capital，IC）划分为人力资本（human capital，HC）、结构资本（structural capital，SC）、关系资本（relational capital，RC）。科技孵化产业内部科技孵化器智力资本三维度之间、智力资本内部各要素，以及不同孵化器智力资本之间具有协同作用。协同模式如图3-4所示。根据三类协同作用将协同模式分为八种模式，第一层面：孵化器智力资本三维度之间的协同模式为"HC""SC""RC"；第二层面：孵化器智力资本三维度要素内部协同模式为"HC-SC""HC-RC""RC-SC""HC-SC-RC"；第三层面：孵化产业内孵化器之间智力资本协同关系为"IC-IC"。

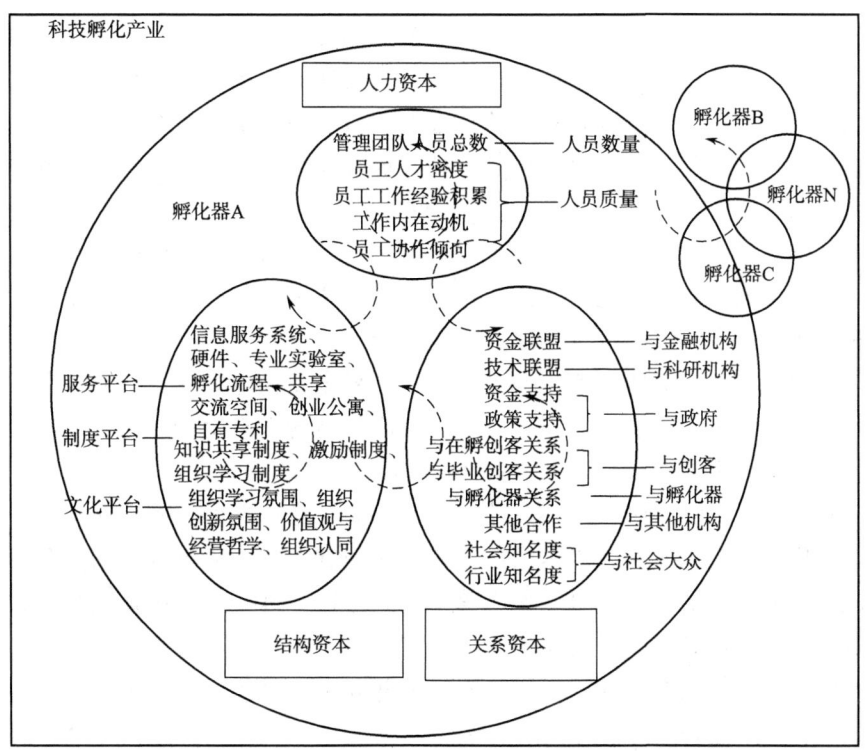

图3-4 科技孵化产业智力资本协同模式

在第一层面中："HC""RC""SC"三种模式体现了每一维度要素内部的协同作用，要素内部相互作用和交互，共同影响本维度发挥作用。在第二层面中国：由于人力资本是智力资本的基础与核心，组织活动由人来完成，所

65

以关系资本—结构资本"RC-SC"模式不能单独离开"HC"实现，因此"HC-RC""HC-SC""HC-RC-SC"在第二层面起主要作用，三种模式相互整合发挥作用。在第三层面中：同一孵化产业内不同孵化器之间的智力资本存在相互作用机制，不同孵化器智力资本会不同程度进行置换与协作；智力资本产生的知识在不同的孵化器之间转移和吸收，本孵化器智力资本发展状况对其他孵化器智力资本产生影响。

3.3.4 科技孵化产业智力资本协同机制

科技孵化产业智力资本的发展是一个复杂系统演化过程，包含三维构成要素：人力资本、结构资本和关系资本，每一维度要素分别构成主要子系统。根据协同理论，只有三个子系统之间相互配合才能使整体效应大于各部分效应之和，智力资本才能真正在科技孵化产业中发挥作用。智力资本协同程度越高，科技孵化产业创新能力与绩效越能得到显著提高；智力资本系统越开放，不断与外界进行物质与能量的交换，越能保持系统活力，越能促进知识和技术的流动，越能形成科技孵化产业智力资本系统的良性循环。因此，明确科技孵化产业智力资本协同机制，是实现科技孵化产业的创新能力和发展潜力，实现产业化可持续发展的重要条件。

如图3-5所示，三层面中每个层面的协同都在追求自身层面利益的最大化，每个层面的协同通过利益点进行联结，通过利益进行驱动。而由于利益分配的不均，会使系统出现不稳定或效率低的状况。而协同是使每个层面由无序走向有序，由低效率变为高效率，由不稳定到稳定的状态。协同能够解决不同维度、不同要素、不同智力资本之间利益诉求产生的矛盾，满足和平衡各方需求，引导智力资本协同能力的提升。

3.3.4.1 科技孵化产业内孵化器智力资本三维要素内部的协同机制

本层面主要包括人力资本内部各要素协同利益链，关系资本内部各要素协同利益链以及结构资本内部各要素协同利益链。科技孵化产业内孵化器智力资本三维度构成，要素之间的协同发展，为外圈各维度协同以及不同孵化器智力资本的协同奠定基础。每个维度内部要素通过协同，为子系统发挥最大效应，为上级要素的协同做出贡献。

3.3.4.2 科技孵化产业内孵化器智力资本三要素之间的协同机制

本层面主要包括两两协同分别产生的利益链以及三维度协同产生的利益链。人力资本起到基础性作用，结构资本起到保障作用，关系资本起到反哺作用。三要素的协同使子系统从非自组织状态走向自组织状态。在实现自组织前，存在起主导作用的维度；在实现自组织后，三维度相互作用，不断融

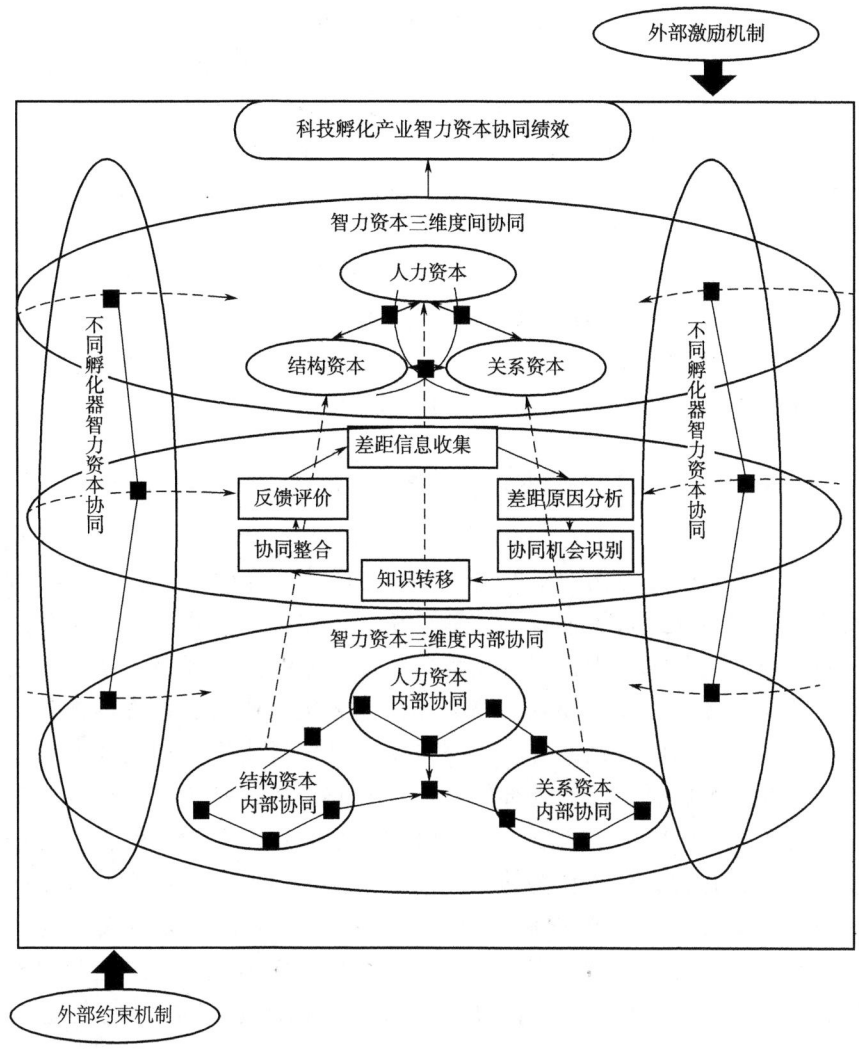

图 3-5 科技孵化产业智力资本协同机制

合,向更高层次演化。

3.3.4.3 科技孵化产业内孵化器之间智力资本的协同机制

本层面主要包括智力资本之间产生的协同利益链。产业内不同孵化器之间智力资本在不断地进行协同活动。高智力资本水平的孵化器和低水平的孵化器之间不断进行交互,智力资本产生的知识不断被吸收、转移和转化,达到最终自组织状态的平衡。

三层面协同机制作用的发挥受外部激励机制和外部约束机制的影响。外部激励机制为协同实现提供动力,外部约束机制为协同实现提供行为准则和规范。三层面智力资本的协同在两方机制的共同作用下，首先对差距信息进行收集，对差距产生的原因进行分析，在此基础上对协同机会进行识别，明确协同条件和协同机会，利用知识势差进行知识转移，进行协同整合，最终对协同成果进行反馈和评价，并进入下一个协同作用循环中。

综上所述，智力资本是科技孵化产业创新能力的主要资源来源，科技孵化产业智力资本三维度协同发展，要求科技孵化产业从智力资本视角培育行业竞争力与创新能力，需要将智力资本三方面统筹考虑，不可偏废，顾此失彼。在发挥人力资本、结构资本和关系资本内部要素独立作用的基础上，重视三维资本整体效应的发挥，使整体效应大于各维度独立作用之和，发挥智力资本在科技孵化产业发展中的核心和中枢作用。

3.4 科技孵化产业智力资本协同创新系统透视

上文阐明了科技孵化产业智力资本协同关系、协同模式与协同机制，并将智力资本系统进行了抽丝剥茧地分析。虽然智力资本是科技孵化产业内科技创新的主要源动力，但科技孵化产业并不只局限于智力资本，还包括孵化器与创客等多元化要素。那么，科技孵化产业创新系统内部包括哪些要素？各要素如何有机结合、共同作用？科技孵化产业如何通过要素进行科技创新？科技孵化产业内部知识如何转移、传递和吸收？科技孵化产业内具有怎样的协同创新机制？本节将对科技孵化产业协同创新系统进行透视。首先，将智力资本作为协同创新的主要内生动力，对科技孵化产业智力资本协同创新系统的内涵进行定义，将科技孵化产业定义为复合系统，剖析其内部主要组成部分，并划分子系统；对科技孵化产业智力资本协同创新系统进行复杂性过程分析，为协同创新系统的构建奠定理论基础。

3.4.1 科技孵化产业智力资本协同创新系统的内涵与构成

3.4.1.1 科技孵化产业智力资本协同创新系统的内涵

Autio 提出区域创新系统是由内部相互作用产生互动作用的子系统组成的基本社会系统[①]。黄鲁成提出区域创新系统是在特定经济区域内，创新主体要素与非主体要素的相互关系及政策网络[②]。前文已经阐明科技孵化产业智力资

---

① AUTIO E. Evaluation of RTD in regional systems of innovation [J]. European planning studies, 1998, 2 (6): 131-140.

② 黄鲁成. 关于区域创新系统研究内容的探讨 [J]. 科研管理, 2000 (2): 43-48.

本系统属于区域创新系统范畴，科技孵化产业智力资本协同创新系统的定义既包括区域创新系统的特征、智力资本的特征同时又兼具科技孵化产业的特性。在综合前人研究的基础上，本研究将科技孵化产业智力资本协同创新系统定义为：在一定地理范围内，主要由科技孵化器、智力资本与创客等创新相联系的子系统与非主体要素组成的，通过子系统相互作用创造、储备、转移知识和技能的创新网络系统。

3.4.1.2 科技孵化产业智力资本协同创新系统构成

科技孵化产业创新系统以其内外部"H–S–R"三维智力资本所提供的异质性、多样性知识资源为基础，以复杂系统特性提升内外部知识获取能力、隐性知识挖掘能力和知识交互共享能力为依托。系统与智力资本进行知识、信息、资金和人才的交流，不断获取资源补充，知识和资源在系统和创客间裂变式传递、交互共享，不断碰撞、转移，实现协同创新，进而促进孵化器绩效、科技成果、人才、技术产出和创客绩效提升。科技孵化产业创新系统在政府政策支持下协同发展，与其他创新资源，创新系统共同构成区域创新系统，促进区域创新发展，为区域经济增长提供内生驱动力。

结合上文对智力资本三维度内部协同透视并依据对科技孵化产业内部知识共享以及创客创新绩效的影响，构建科技孵化产业智力资本协同创新系统，并剥离复杂的相关关系，将科技孵化产业智力资本协同创新系统分为智力资本子系统、孵化器子系统和创客子系统。

（1）智力资本子系统。智力资本子系统包括人力资本要素、结构资本要素以及关系资本要素，子系统内部三维度要素在三个层面上进行协同。智力资本子系统是构成科技孵化产业协同创新系统重要的子系统之一，是协同创新系统资源的主要来源，是孵化产业协同创新系统的不竭动力。

（2）孵化器子系统。孵化器子系统包括科技孵化产业内科技孵化器。该子系统是协同创新系统的主要过程子系统之一，孵化器是科技孵化产业的主要构成要素与行为发生主体。孵化器子系统内部通过孵化器之间的互动进行知识的转移与吸收，孵化器子系统绩效用孵化器创新绩效表示。

（3）创客子系统。创客子系统包括科技孵化产业孵化器中进行孵化的企业和个人。该子系统是协同创新系统的主要过程子系统之一。创客之间利用孵化器提供的各种资源进行充分的知识和技术的交流，将知识和技术转化为新产品与科技成果。创客子系统绩效用创客创新绩效衡量。

3.4.2 科技孵化产业智力资本协同创新系统的耗散结构特征

1999年，Gallagher等在Science杂志上首次提出"复杂系统"的概念，并指出"系统的整体行为或性能不能通过分解子系统得到",系统之间存在复杂的、非线性的相互作用①。21世纪初,复杂系统科学和复杂网络科学交叉发展,复杂系统理论得到丰富和完善。

根据复杂系统理论与耗散结构论,系统形成耗散结构需要满足四个条件:系统具有开放性,系统远离平衡态,系统存在非线性作用机制,系统涨落有序②。当远离平衡态的开放系统中某个参量经过不断变化达到临界值时,会发生涨落现象,进而产生突变和涌现,使得系统在不断与外界进行物质能量交换后,达到有序状态。科技孵化产业作为开放创新系统同样具有复杂特性与耗散结构特征。

3.4.2.1 科技孵化产业智力资本协同创新系统具有开放性

科技孵化产业主要以促进孵化器行业产业化,培育创客创新能力,促进创新创业为宗旨。这就决定了科技孵化产业、孵化产业中的孵化器、孵化器中的创客等,必须不断主动地从外界补充和吸收新的知识和技能,夯实自身知识基础,优化自身知识结构,进而创造新知识,更好地为创新创业服务。同时,由于存在正反馈机制,系统通过反馈不断进行调整、检验和改进与完善。科技孵化产业创新系统包括:输入、输出、循环、知识与信息传递与吸收、反馈的基本特征,具有明显的开放性。

3.4.2.2 科技孵化产业智力资本协同创新系统远离平衡态

开放系统存在三种状态,即远离平衡态、近平衡态和平衡态。只有当系统处于远离平衡态时,才能真正通过涨落跨越临界点,进而从突变到涌现,由无序到有序。处于平衡态和近平衡态都不会出现有序结构。当系统接收到外部刺激时,原有的知识结构会被打破,此时系统会吸收知识,改变知识存量,即为近平衡态;当外部刺激较强,系统便不能再吸收外部的知识,即为远离平衡态状态,使得主体知识结构不得不发生改变,并在此情况下,涌现出新结构。科技孵化产业智力资本协同创新系统是一种接收外部强刺激的远离平衡态的系统,是可以打破原有桎梏,产生新的有序结构的系统。

3.4.2.3 科技孵化产业智力资本协同创新系统存在非线性作用机制

科技孵化产业智力资本协同创新系统的创新活动存在非线性机制。智力资本的复杂性、多样性,孵化器与创客外界环境的动态性,导致系统受到非线性的影响,从而加快了系统内部知识吸收、转移和增值的过程,进而加快协同与创新进程。

---

① GALLAGHER R, APPENZELLER T. Beyond reductionism [J]. Science, 1999, 285 (5411): 79.
② PRIGOGINE I, LEFEVER R, GOLDBETER A, et al. Symmetry breaking instabilities in biological systems [J]. Nature, 1969, 223 (5209): 913-916.

3.4.2.4 科技孵化产业智力资本协同创新系统涨落有序

科技孵化智力资本协同系统是一种自组织系统，是一个开放系统，科技孵化产业内各主体在系统中相互影响、联系紧密，从而使系统由量变到质变，产生协同效用。同时智力资本协同创新系统的自组织演进又是一个复杂的过程，经过涨落、突变和涌现，并周而复始地循环，从而使系统由低级到高级，由无序到有序。

智力资本协同创新系统内部存在涨落现象，涨落是系统有序的形成方式，涨落是指对系统稳态的偏离现象。在协同创新系统试图达到协同组织和状态的过程中，涨落会破坏现有系统平衡态，出现随机失稳状态，这种失稳没有确定的发生时间，也没有确定的发生方向，是随机发生的。涨落时候系统会出现新的稳定性，经过多次涨落系统跃迁到有序状态，形成耗散结构。涨落是科技孵化产业智力资本协同创新系统实现有序耗散状态的驱动力。涨落达到有序的条件为：一是微涨落，即远离平衡态的非线性涨落；二是巨涨落，即能够扩展到整个系统的涨落。微涨落并不能打破原有系统的秩序，只有在一定条件下，即智力资本协同创新系统与外界物质、能量、知识等交换积累到一定数量之后，系统在失稳临界点附近被放大，从而转化为巨涨落，进而突破原有结构模式，产生新的有序协同机构。归纳涨落过程，如图3-6所示。

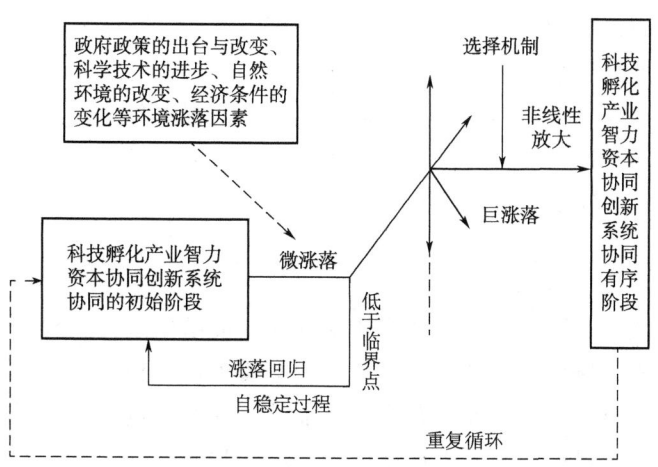

图3-6 科技孵化产业智力资本协同创新系统涨落过程

根据孙鹏的研究[①]，本研究提出在科技孵化产业智力资本协同创新系统涨

[①] 孙鹏. 基于复杂系统理论的现代物流服务业与制造业协同发展研究 [D]. 长沙：中南大学，2012.

落的过程中，涨落因子主要分为三种：第一种为协同主体的涨落因子。如智力资本子系统内部人力资本、结构资本与关系资本的比例、结构、规模和数量等的改变，孵化器子系统与创客子系统内部企业比例，结构、规模和数量等方面的改变；第二种为协同主体间关系的涨落因子，如孵化器和创客、孵化器之间、孵化器与智力资本之间协作关系与协作模式的改变都会引起涨落；第三种为外界环境的涨落因子。环境的涨落会影响并改变三个子系统之间的耦合协同关系。环境的涨落主要指对智力资本子系统、孵化器与创客子系统及其相互关系产生干扰的外部环境系统，如政府政策的出台与改变，科学技术的进步，自然环境的改变，经济条件的变化，等。以上因素均会造成协同创新系统的涨落。

综上所述，前文提出科技孵化产业智力资本协同创新系统主要由智力资本、创客与孵化器三个子系统组成。这些子系统之间、要素与主体之间存在主动的、复杂的、非线性相互作用，影响其他因素并受到其他因素的影响，从而能建立正负反馈机制。在此机制作用下，系统不断与外界进行熵流交换，从而达成协同效果；科技孵化产业协同创新系统是开放系统，与外界物质、信息和环境不断交换，系统内部从无序向有序转化，并由此产生巨大能量；科技孵化产业协同创新系统具有自组织特性和耗散结构特征，处于远离平衡态。系统内外各个主体因素，如政府政策的变动、新技术的产生、资本的投入、环境的改善等都会造成系统的涨落，从而改变系统的形成与演进过程。而协同理论是复杂系统理论重要的方法论，科技孵化产业协同创新系统的复杂特性也为协同过程的形成提供了理论依据和前提条件。智力资本协同创新系统通过创客孵化、用户交互、资源聚合和价值交换等不同机制推动系统整体运行，推动协同创新系统自组织演进过程。

3.4.3 科技孵化产业智力资本协同创新系统模型构建

科技孵化产业智力资本协同创新系统的耗散结构特征是智力资本创新系统协同的基础，是耦合协同发生的前提及必要条件。耗散结构特征表明科技孵化产业智力资本创新系统具有协同可能性，在明确定义与子系统构成的基础上，进一步构建科技孵化产业智力资本协同创新系统。

Barney 提出了资源基础论（resource-based view，RBV）的观点，认为企业竞争优势来源于具有价值性、稀缺性、不可模仿性和不可替代性的异质性资源[1]。异质性资源包括外部获取的异质性资源以及内生性异质性资源。科技

---

[1] BARNEY J B. Resource-based theories of competitive advantage: a ten-year retrospective on the resource-based view [J]. Journal of management, 2001, 27 (6): 643-650.

孵化产业智力资本是多样性、异质性知识资源的来源。其中人力资本和结构资本是内生性异质性资源，关系资本属于外部异质性资源（见图3-7）。智力资本发展程度是科技孵化产业内外部资源获取能力的体现，智力资本资源参与科技孵化产业协同创新的价值运动，通过智力资本不同节点相互联系，在优化发展中寻找智力资本资源的有效协同，推动产业内知识资源共享及学习，在隐性知识挖掘能力、内部知识获取能力和知识交互共享能力的共同作用下，最终推动产业协同创新系统价值创造，并使整个科技孵化产业智力资本协同创新始终处于有效反馈的传导过程之中。

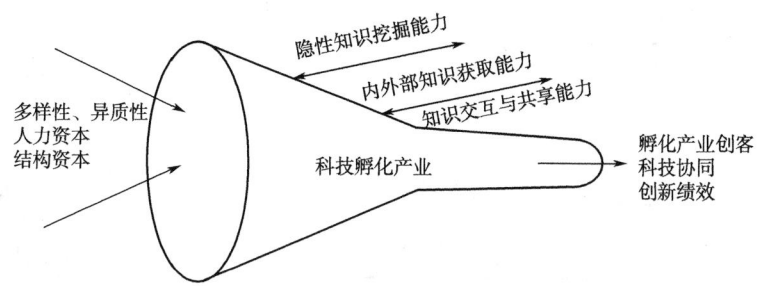

图3-7 科技孵化产业智力资本价值传导模式

知识创新发生在科技孵化产业内孵化器智力资本节点之间，以智力资本各节点的知识存量为异质性资源的来源和基础。不同节点通过契约或股权等不同形式为孵化产业提供异质性、互补性的服务并交织成知识网络，形成知识创造与流动的联合体，构建孵化产业的知识存量，实现孵化产业知识螺旋式发展，实现知识的增值与创新。智力资本在不同的知识创新阶段相互协同、演进，从而对创客的创新与成长起到催化作用，不同孵化器之间知识交互，价值共创。据此，本研究构建科技孵化产业智力资本协同创新系统（见图3-8），并阐述其内部运作机理。

开放性系统与环境的交互必不可少，协同创新主要通过知识的转移传递实现，科技孵化产业基于协同创新理论，是以其孵化器内部"H-S-R"三维智力资本，以及孵化器外部产业内部"H-S-R"三维智力资本提供的异质性、多样性知识资源为基础的，以复杂系统特性提升内外部知识获取能力、隐性知识挖掘能力和知识交互共享能力为依托，形成科技孵化产业智力资本协同创新系统。孵化产业内主体与智力资本进行知识、信息、资金和人才的交流，不断获取资源补充，使得知识和资源在产业内孵化器和创客间裂变式传递、交互共享，不断碰撞、转移，实现协同创新，进而促进科技成果、人才、技术和知识的产出和绩效的提升。因此，本研究提出科技孵化产业内部存在协

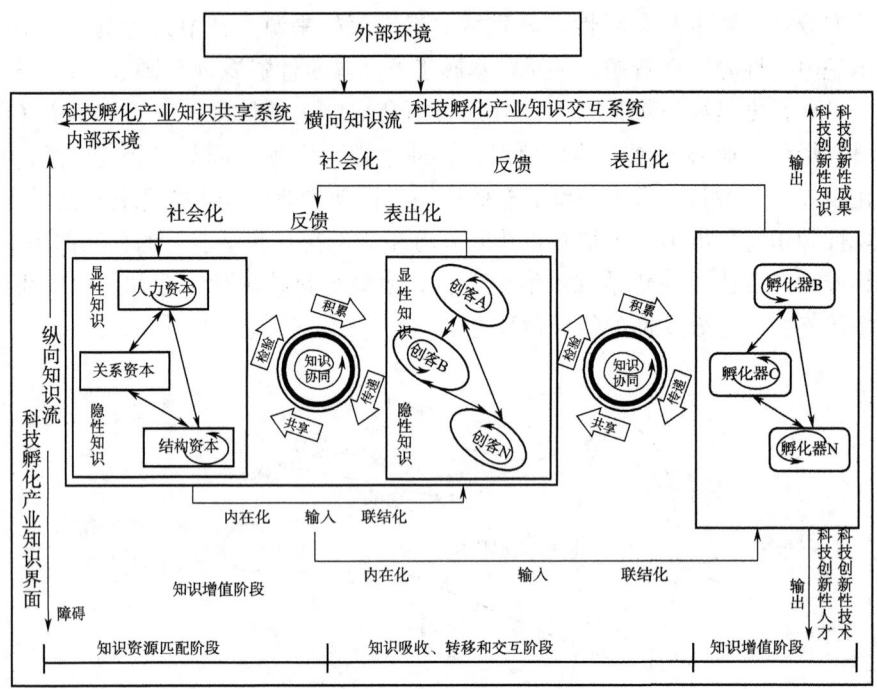

图 3-8 科技孵化产业智力资本协同创新系统模型

同创新环境—知识—智力资本—孵化器—创客五重互动模式。

3.4.3.1 协同环境

创新环境对孵化产业内协同创新产生调节作用，创新环境为空间发展提供了所需要的政策支持、制度保障、区位优势和技术支持，为智力资本作用的发挥提供依托。

3.4.3.2 知识

日本学者 Nonaka I 提出了知识创造的"SECI"模型。该模型包含显性知识转化为隐性知识的表出化，显性知识转化为显性知识的联结化，隐性知识转化为显性知识的内在化，以及隐性知识转化为隐性知识的社会化四个过程，四个过程相互转化，螺旋式上升[①]。组织中大部分知识以隐性知识存在，而隐性知识的发掘与扩散需要组织知识来源节点之间的互动、模仿和实践，并以潜移默化的方式实现，因此知识转化需要组织充分挖掘隐性知识，激活隐性知识进行表征，不断向显性知识循环转化。

综合国内外对于知识增值过程的研究，将其分为知识资源匹配阶段，知

---

① NONAKA I, TOYAMA R, KONNO N. SECI, ba and leadership: a unified model of dynamic knowledge creation [J]. Long range planning, 2000, 33 (1): 5-34.

识吸收、转移和交互阶段以及知识增值阶段，以科技孵化产业单个孵化器内部为切入点，具体阐述科技孵化产业内部智力资本如何与创客对接及内部协同机理。系统内部接受知识后，进行过滤与匹配，使知识在主体、子系统交互作用下被吸收和转移，进而将知识转化为创新技术和新产品，达到知识增值的目的。

（1）知识资源匹配阶段。获取知识并将有效知识资源与需求相匹配是知识创新的第一步。当创客入驻孵化器，孵化器发挥人力资本的作用。首先，派出经验丰富的管理人员了解创客基本情况，如团队构成、目标与战略规划、经营现状、科技成果、市场占有率和营销状况等，并做好记录工作，建立相关数据库，数据不断更新、积累以便查阅和再次使用，防止丢失并存档。其次，将创客按照发展水平进行分类，分为初创期、成长期和成熟期，并统计创客的需求，如工商执照办理、补贴申请、法律财务、社保、资金需求、战略规划、专利申请、营销、创业辅导和项目对接等需求。最后，充分调动自身关系资本和结构资本，将资源与需求相匹配。邀请与创客需求相关的资源进驻孵化器、举办如青年创业大赛、高峰行业论坛、活动沙龙等。在自身平台或微信公众号发布创客需求，导流潜在资源，搭建交流的机制与平台，创建知识交互与知识共享的系统界面。在本阶段人力资本发挥主导作用，具有经验和资质的人力资本能更好地理解创客的需求并能充分投入知识创造过程中，促进知识的产生和创客对于知识的获取，从而链接结构资本和关系资本，智力资本统筹进行知识资源匹配。

（2）知识吸收、转移和交互阶段。在搭建知识共享界面之后，产业内子系统与主体进入知识吸收、转移和交互阶段。知识吸收、转移和交互是知识协同创新过程中的核心和重点部分。经过产业内匹配的智力资本成为创客知识产生和创新的源泉。知识的共享和扩散通过孵化器与创客、创客之间、创客与智力资本、孵化器与智力资本、孵化器与孵化器交流、合作甚至竞争实现。初创期创客需要全方位创业辅导，孵化器对接高校和科研机构创业导师对创客进行培训，使得创客对创业知识有全面了解，产生知识的"联结化"，排解初创期的迷茫与困惑。创客将知识"内在化"，并将获得的知识转为创业生产力，在后续创业过程中进行检验；成长期创客具有交流需求，产业通过建立不同形式的交流机制不定期地进行非正式沟通，相互交流，产生知识的"社会化"，激发创新灵感和创新思维。产业内建立多角度多层次的沟通渠道，创客之间可以利用实时、无障碍的沟通，不断地交流、学习、总结和更新自身的知识，传递隐性知识，形成新的知识。成熟期创客具有资金、营销和市场开拓的需求，产业则为其对接专业的创业投资机构，举办路演等活动，将自身所具备的中介机构、媒体机构、金融机构资源对接,对创业过程和结果进行总结,鼓励创新,不断将知识"表出化"。本阶段的结构资本和关系资本对空间与创客之间的知识吸收、转移和交互起到至关重要的作用,是知识共享与扩散的"助推器"。

(3)知识增值阶段。知识增值阶段即为知识创新阶段,是知识协同创新的目标与结果。创客通过空间知识资源的匹配、知识转移共享,不断将知识进行联结化、内在化、社会化和表出化循环,最终实现知识创新和价值创造与增值。在孵化器内知识创新表现为创客的科技创新绩效,在孵化产业内表现为孵化器科技创新绩效。

科技孵化产业智力资本协同创新系统内部存在内外圈层结构。科技孵化产业主要由产业内多个孵化器组成。孵化器内部形成"孵化器—智力资本—创客"的协同结构,产业内孵化器之间、孵化器与孵化产业内部智力资本之间同样存在协同关系。所有的协同关系与主体构成科技孵化产业智力资本协同创新系统。

3.4.3.3 孵化器—智力资本—创客

孵化器内部"孵化器—智力资本—创客"的协同过程,即为创客利用孵化器为其提供的丰富的智力资本进行知识协同创新的过程。创客基于知识需求产生获取知识的欲望与动力,孵化器内部智力资本各维度以及三维度之间要素相互作用,逐步交叉形成智力资本价值网络,提供创客所需匹配的知识资源;通过对接孵化器提供的智力资本资源获取知识并进行匹配,达到自身知识的积累和转化,通过积累的知识对目标问题进行理解和解决,在此过程中不断与其他创客、孵化器自身或资源主体进行交流,不断补充和改变自己的知识,将孵化器内组织知识和个体知识不断进行隐性知识和显性知识的转化,从而进行知识创新。

3.4.3.4 孵化器—孵化器—智力资本

科技孵化产业是一定区域内孵化器的总和,孵化产业内部创客与智力资本三维主体之间的互动机制是整个科技孵化产业的缩影。在孵化产业内主要体现为孵化器—孵化器—产业内智力资本三维度的关系。单个孵化器内部进行知识协同的同时,外部与产业内其他孵化器和智力资本之间也在相互作用。孵化器基于经营和更好地进行创新创业服务的目的,产生获取知识和技能的动力,经过内部协同与产业内智力资本相互作用形成产业智力资本价值网络,为其他孵化器提供所需知识资源,并在产业内部进行匹配,将显性知识和隐性知识进行表出化、联结化、内在化与社会化循环,不断解决孵化器遇到的问题,对知识进行补充和修正,达到知识创新的目的,使科技孵化产业智力资本创新系统走向协同。

3.5 本章小结

本章对科技孵化产业智力资本协同机理进行了深入剖析，主要遵循科技孵化器—科技孵化产业—科技孵化产业智力资本—科技孵化产业智力资本协同—科技孵化产业智力资本协同创新系统的路线进行研究。

第一，对科技孵化产业概念进行严格界定：①明确科技孵化器的内涵、提出硬服务、软服务与增值服务三种服务类型并明确创客内涵；②梳理孵化器在世界以及在我国的发展历程；③总结科技孵化器发展模式，即大企业主导型、"天使"+"孵化器"型、媒体创新型、垂直产业型以及虚拟孵化型；④对科技孵化产业内涵进行界定，明确其特征、功能与发展趋势，并梳理区域发展现状，了解区域发展差异，结论表明，东部科技孵化产业的发展占有绝对优势，西部科技孵化产业增速明显。

第二，提出科技孵化产业智力资本的概念：①将科技孵化产业的概念与智力资本的概念相结合，界定科技孵化产业智力资本的内涵与特征；②从人力资本、结构资本与关系资本三方面提出科技孵化产业智力资本构成维度与基本要素。

第三，从智力资本协同内涵、协同关系、协同机制与协同模式四方面深刻剖析科技孵化产业智力资本协同内部机理，提出科技孵化产业智力资本三维要素之间、智力资本三维要素内部、孵化器与孵化器智力资本之间三种协同模式。

第四，对科技孵化产业智力资本协同创新系统进行透视：①界定智力资本协同创新系统的内涵，明确智力资本协同创新系统的构成，即由创客、孵化器和智力资本三个子系统共同构成；②分析智力资本协同创新系统的耗散结构特征；③阐述智力资本协同创新系统的内部运行机理。

4 科技孵化产业智力资本创新系统协同能力评价

科技孵化产业智力资本协同创新系统在智力资本子系统研究的基础上,选择一定的评价方法,构建相关指标体系,确定序参量及其分量,对全国区域范围内科技孵化产业智力资本协同能力进行评价。

4.1 科技孵化产业智力资本创新系统协同能力评价模型构建

4.1.1 二象对偶理论基础

"二象"起源于物理学范畴,指系统具有实质差异的"虚""实"二象。高隆昌等构建了广义上的二象系统概念,并结合"系统学"提出了"系统学二象论"[①]。

4.1.1.1 系统学二象论

系统学二象论定义1:系统学二象论认为,任一客观对象即系统(S)都可以从概念上分为虚(X^*)和实(X)两个层次进行研究,形成"二象系统",记为(X, X^*)。对二象系统总体进行的研究叫"系统学二象论"。

性质:高隆昌认为,若系统 S 具有如下性质,那么 S 称为二象系统,记为 $S=(X, X^*)$。①二象间一实(X)一虚(X^*);②X^* 和 X 相互依存,同生同灭,不能分离,只能从概念上将其区分;③二象间具有空间层次差异性且不存在对应关系,$x^* \in (X^*)$ 皆是 X 的整体映射;X^* 和 X 存在对偶关系,其中任一象的改变都会引起另一象相应的改变,例如,竞争合作或对立统一的特征;④X^* 相比于 X 更为活跃也更容易发生改变;⑤X^* 和 X 具有一定的比例关系,其比值具有适当可变域,即 $X^*:X=\alpha:\beta=r$,$r \in (a, b) \subset (0, \infty)$,$(a, b)$ 随系统改变而改变;⑥二象层次的分法和层数非唯一;⑦任一

---

① 高隆昌,徐飞. 系统学二象论初探:一个理论框架[J]. 系统工程理论与实践, 2007 (5): 95-100.

系统皆有以其直接对象为 X，以 X 的属性空间为 X^* 的二象结构①。

系统学二象论定义 2：属性是指客观对象存在的物质和非物质能够对其性质进行表征，并与其他对象相互区别的、更为抽象的特征，属性集合称为属性空间。

二象系统 (X, X^*) 的数学模型：首先，假设建立在欧式空间上，X 取为 $\|X\|$，记为 X。其次，变域或空间记为 $\hat{y}$，若变元为 y，则 $y \in \hat{y}$（y 既可为标量也可为向量）。另，对于 $\forall x \in X \subset R^n$，$x = (x_1, x_2, \cdots, x_n)$，再记 $\{x_i\}$ 间关系总体为 $f=f(x)$，即可表达成：

$$y = f(x)(x \in X) \tag{4-1}$$

式（4-1）表现了一种关系结构，可分为线性与非线性两种；在具体结构中必然存在一个参数组，也叫参变量，参变量空间结构随 f 变化，可记为 x^*f，则（4-1）式可以等价为 $y=f(x, a)$，$x \in X$，$a \in x^*f$，其中，x 称为变元，f 为总体结构关系，a 为具体结构中的比例关系。

4.1.1.2 二象对偶理论

高隆昌等结合物理学中"二象论"和数学中的"对偶论"提出了"二象对偶理论"②③。

二象对偶理论定义 1：对偶关系即为两个对象之间表现出的既对立又统一的关系。当对象存在对偶关系时，二者表现为既竞争又合作，既制约又协同，相生相克的关系。

二象对偶理论定义 2：对有空间层次差异的两个对象进行对偶分析时，即为二象对偶系统。二象对偶系统表明，系统处于动态之中，其内蕴是以对立产生动力。徐飞、高隆昌等指出，二象系统虚实之间存在互动关系，在均衡机制的作用下，任一象的改变都会引起另一象的改变，使二象系统朝着均衡态靠拢。当其中某一象的转变超出限度后，会向极端情况转变，促使新系统的形成④。

二象对偶理论定义 3：二象具有多层次性，多层对象间的对偶关系即为复合二象。任何复杂系统都具有复合二象性，都是复合二象系统。

4.1.1.3 管理二象对偶论

高隆昌、李伟认为，管理是特殊的自组织过程，同时提出了管理学二象系统并进行了战略描述。管理学实质是将信息能输入，通过信息中介 X^*，使

---

① 徐飞，高隆昌. 二象对偶空间与管理学二象论 [M]. 北京：科学出版社，2015.
② 高隆昌，徐飞，陈绍坤. 系统学二象论 [M]. 北京：科学出版社，2014：116-118.
③ 高隆昌，李伟. 管理二象对偶论初探 [J]. 管理学报，2009，6（6）：718-721.
④ 徐飞，高隆昌. 二象对偶空间与管理学二象论 [M]. 北京：科学出版社，2015.

得实象 X 中的组织结构和职能增加。高隆昌等指出，系统内二象具有动态对偶关系，二象只是以静态结构存在，对偶关系才是系统内固有的机制。这种对偶机制因对象不同或因对象处于不同生命周期，而使得二象之间既竞争又合作，既制约又协同。因此任何系统皆为二象系统，二象既相互协同又相互制约，可以通过二象对偶机制描述协同运动过程。

4.1.1.4　二象对偶理论的应用

近年来，系统学二象论和二象对偶理论的研究逐渐丰富。邵昶、李健认为，产业链具有二象特殊性[①]；于明洁、郭鹏等基于二象对偶理论对中国省级区域2000—2008年区域创新系统的协调发展和时序分异进行了研究[②]；陈伟、冯志军等将区域创新系统划分为以创新能力进行表征的状态子系统和以创新效率进行表征的过程子系统，对区域创新系统协同发展程度进行测度与评价[③]；江金波、唐金稳以珠江三角洲为研究对象，从区域旅游创新系统发展的时间演变视角，将系统分为以创新能力为表征的状态实象和以创新效率为测度的过程虚象，并构建区域旅游创新评价指标体系，对区域旅游创新综合发展水平以及协同能力进行测度[④]；彭建国、郭鹏等基于系统二象论对高技术产业研发创新系统进行研究，应用超效率数据包络分析和因子分析模型对系统协同程度进行了测度[⑤]；杨朝均、呼若青基于二象对偶理论，对工业绿色创新协同进行评价，运用 PPE Malmquist CDG 模型进行实证研究，探索中国工业绿色创新系统的协同演化路径[⑥]。综上，运用二象对偶理论对科技孵化产业智力资本系统进行研究具有深厚的理论基础和现实意义。

4.1.2　基于二象对偶理论构建智力资本协同创新系统

4.1.2.1　智力资本协同创新系统二象性分析

科技孵化产业智力资本系统具有整体性、复杂适应性和开发性、动态性

---

① 邵昶，李健. 产业链"波粒二象性"研究：论产业链的特性、结构及其整合 [J]. 中国工业经济，2007（9）：5-13.

② 于明洁，郭鹏，王文越. 基于二象对偶理论的区域创新系统协调发展及其时序分异研究 [J]. 研究与发展管理，2013，25（5）：34-43.

③ 陈伟，冯志军，康鑫，等. 区域创新系统的协调发展测度与评价研究：基于二象对偶理论的视角 [J]. 科学学研究，2011，29（2）：306-313.

④ 江金波，唐金稳. 珠江三角洲旅游创新的协同发展研究：基于二象对偶理论视角 [J]. 地理研究，2018，37（9）：1751-1761.

⑤ 彭建国，郭鹏，于明洁. 高新技术产业研发创新系统协同发展研究：基于二象论视角 [J]. 科技进步与对策，2014，31（3）：67-71.

⑥ 杨朝均，呼若青. 我国工业绿色创新系统协同演进规律研究：二象对偶理论视角 [J]. 科技进步与对策，2017，34（12）：49-54.

等特征，属于区域创新系统的重要组成部分，因此也适用于二象对偶理论。科技孵化产业创新系统是协同变化的动态系统，具有二象特征。根据于明洁等的研究，二象性表现为状态性和过程性，状态性体现在对系统的分类、组织与测度过程中；过程性体现在培养、发展的过程中。根据二象对偶理论，本研究同样将智力资本协同创新系统划分为状态子系统和过程子系统两个层面。

（1）科技孵化产业创新系统状态子系统。在描述某一特定时刻下科技孵化产业智力资本创新系统协同发展水平时，假定系统处于"静止状态"，即采用"状态观"去描述和考虑智力资本创新系统的发展水平，是系统的状态子系统，是实象系统。

（2）科技孵化产业创新系统过程子系统。科技孵化产业创新系统过程子系统是一种"过程观"，是虚象系统，用来描述科技孵化产业创新系统的具体创新过程和发展过程。

由于科技孵化产业协同创新系统在发展演化过程中具有状态性 $S(X)$ 和过程性 $S(X^*)$，进而将产业协同创新系统发展演化过程中的某个时刻记为：

$$Y(S) = F[S(X), S(X^*)] \tag{4-2}$$

其中，Y 为科技孵化产业协同发展创新系统的发展目标；$F(\cdot)$ 表示 $S(X)$ 为实现系统目标 Y 所形成的宏观结构；$S(X)$ 为参变量，是科技孵化产业系统的实象，$S(X^*)$ 是科技孵化产业系统的虚象。

两个层面存在既对立又统一，既制约又协同的状态，且不可分割，并在系统中不断改变和调整，逐渐向平衡态状态转变。二象子系统之间相互促进，并驾齐驱，实现整体效应最大化。

4.1.2.2 智力资本协同创新系统的实质——二象对偶原理

科技孵化产业智力资本创新系统在协同演化发展过程中，系统管理者通过调配向系统输入的信息，控制和把握系统演化方向以及判定系统是否朝着目标前进，输入的信息对系统协同演化产生较大影响。状态子系统输入的信息最终会被过程子系统接受。在此过程中，由于新信息的输入，二象系统原有的平衡状态被打破，二者出现冲突与矛盾点。在此情况下，二象系统内二象对偶机制开始发挥作用，表现为实象子系统 X 在感应到变化后迅速调整，不断反复，使系统重新达到协调状态。因此科技孵化产业智力资本协同创新系统演化实质是指系统通过内在二象对偶机制，将来自管理者输入的信息通过信息集的中介虚象子系统 X^*，最终达到实现系统 X 组织能的增加。这一过程可以表述为：

$$Y = F(x, a), \ x \in X, \ a \in X^* \qquad (4-3)$$

科技孵化产业智力资本协同创新系统的演化反映在 Y 和 F 的结构上，F 为总体变元，a 反映的是系统演化过程中的比例关系，Y 是创新系统的演化目标。二象对偶理论是智力资本创新系统协同演化的根本动力与实质所在。

4.1.2.3 智力资本协同创新系统二象系统模型的表征

在二象系统划分的基础上对系统进一步划分与量化，即通过合适变量对二象系统演化过程进行表征并进行度量。

（1）科技孵化产业智力资源表征状态子系统。根据间断均衡假说，科技孵化产业智力资本协同创新系统通过自组织和他组织演化的两种方式，从一种状态向另一种状态转变，进而使得创新系统状态不断重复更迭。当系统打破初始演化的平衡态，对系统的改变与推动作用会迅速放大，并引导系统演化方向，影响演化结果，决定系统状态。系统演化的前提是从某个时点的状态或状态水平开始的，当系统绩效上升到一定高度或者下降时，系统状态水平会发生变化，最终实现系统的演化发展。本研究主要集聚焦于科技孵化产业智力资本协同对区域创新的影响，因此侧重点在"创新"过程上，即创新来源、创新行为、创新过程与创新能力等。智力资本是科技孵化产业创新能力的主要来源，因此本研究用科技孵化产业智力资本发展水平对状态子系统进行表征，科技孵化产业协同创新系统状态子系统也可以称为"科技孵化产业智力资本子系统"。

（2）科技孵化产业绩效表征过程子系统。科技孵化产业智力资本协同创新系统是由一个个创新活动构成的，创新活动包括智力资本资源的吸收，智力资本网络内部学习和交互、科技产出等，资源和系统在创新活动中不断交互。本研究认为，创新绩效的提升是一种动态发展过程，也是科技孵化产业协同创新系统发展的根本目的，因此，采用科技孵化产业创新绩效衡量科技孵化产业创新系统行为过程，反映智力资本资源转换的过程和转化的效率。即对科技孵化产业智力资本协同创新过程的测度是对系统技术创新能力和效率的测度，产业协同创新过程子系统可以称为"科技孵化产业创新绩效子系统"。基于第三章对科技孵化产业智力资本协同系统构成的研究，科技孵化产业智力资本协同创新系统包括智力资本子系统、孵化器子系统和绩效子系统，结合上述研究，由于科技孵化产业包含双重主体，即孵化器与创客，因此科技孵化产业技术创新绩效又可划分为孵化器创新绩效和创客创新绩效。

（3）科技孵化产业二象系统的关系。科技孵化产业智力资本协同创新系统的过程子系统是虚象系统，状态子系统是实象系统，其构成如图4-1所示。二象系统集中体现了产业协同创新系统的动态性。以智力资本资源表征的状态子系统是协同创新的根本动力，以创新绩效表征的过程子系统是协同创新过程的具体表现。状态子系统和过程子系统相互依存，没有科技孵化产业智力资本资源的提供，也就不存在科技孵化产业的产出，即不存在科技孵化产业的绩效。状态系统和行为系统存在内在影射和对偶关系。低水平的智力资本能力制约科技孵化产业产出，较低的科技孵化产业的产出也影响智力资本资源的反馈和进一步投入，制约了智力资本资源的合理配置。反之，增加智力资本资源投入，提高智力资本资源的配置效率，发挥资源的协同效应，能够提升科技孵化产业的产出与绩效。在科技孵化产业创新系统运行过程中，状态系统较过程系统更容易改变，二象系统协同发展，共同推进科技孵化产业协同创新系统不断向更高级阶段演化。科技孵化产业创新系统的协同发展得益于三个子系统之间的相互促进与耦合，发挥系统"1+1+1>3"的整体效应。

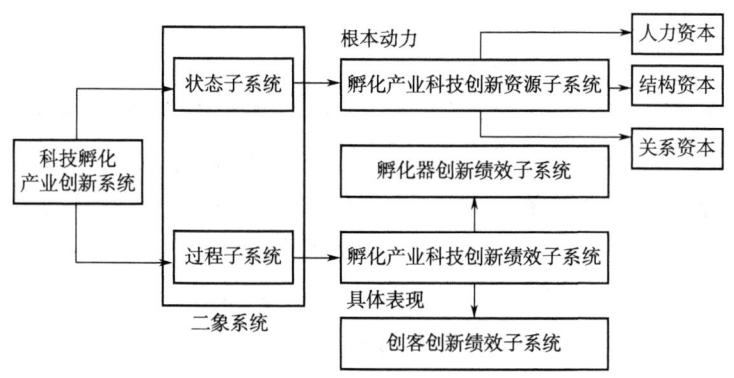

图 4-1 二象对偶理论的科技孵化产业创新系统

4.2 科技孵化产业智力资本创新系统协同能力评价方法

近年来，中国各地区科技孵化产业迅速发展，科技产出能力逐渐提升，在区域创新体系建设和区域创新发展中越发重要。基于此，测算省域科技孵化产业协同发展程度，以期为全国范围内科技孵化产业协同发展提供借鉴与指导。

4.2.1 系统协同度测算方法梳理

本研究中科技孵化产业智力资本协同度是指系统内部子系统在发展过程中耦合协调的程度。协同度评价模型是应用数学方法，使用离差系数最小化表示变量之间协同程度进而对协同度进行评价。近年来，国内外学者不断对模型进行改进，研究不同学科领域的问题，如曾珍香等采用隶属函数评价系统协同度[1]；冯怡康和王雅洁采用数据包络分析方法构建协同评价模型[2]；岳斯玮等采用灰色关联方法对系统协同情况进行评价[3]；杨晓冬和武永祥建立"商品住宅—城市"复合系统，剖析其协同发展机制并构建商品和住宅价格的动态协调发展模型[4]。这些研究都为本研究提供了方法论和理论基础。

4.2.1.1 隶属函数协同度模型

协同度模型某种程度上是一种模糊概念，隶属函数在模糊数学中用来解决完全不确定的研究方法。其方法原理是计算子系统与其他子系统的相对协同度，从而计算整个系统协同度。数学表达式见式（4-4）：

假设某个系统存在两个子系统，分别为系统 A_1 和 A_2，$x_1, x_2, \cdots x_m$ 分别为描述系统 A_1 的序参量指标，$y_1, y_2, \cdots y_n$ 分别为描述系统 A_2 的序参量指标。令 $f_{A_1}(x_i')$、$f_{A_2}(y_j')$ 为子系统 A_1 和 A_2 的评价函数，子系统 A_1 相对于系统 A_2 的协同度为

$$C(A_1, A_2) = \exp[-(f_{A_1}(x_i') - f_{A_1A_2}(x_i''))^2 / S_{A_1}^2] \qquad (4-4)$$

式（4-4）中，$C(A_1, A_2)$ 为子系统 A_1 相当于 A_2 的协同度；$f_{A_1}(x_i')$ 为子系统 A_1 的评价函数，代表子系统 A_1 的发展水平；$f_{A_1A_2}(x_i'')$ 为系统 A_2 条件下子系统 A_1 达到的发展水平，利用回归方法可以得到 $S_{A_1}^2$ 是子系统 A_1 发展水平 $f_{A_1}(x_i')$ 的方差，此时，整个系统协同度为

$$C(A_1, A_2) = \min_{A_1} C(A_1, A_2) / \max_{A_1} C(A_1, A_2) \qquad (4-5)$$

对于子系统 A_1 相对于子系统 A_2 的协同度 $C(A_1, A_2)$ 而言，$(f_{A_1}(x_i') - f_{A_1A_2}(x_i''))^2 / S_{A_1}^2$，该值越小，则两个子系统协同程度越高，整个系统协同度越大，协同能力越强。

隶属函数协同度模型利用子系统与系统要求的偏离程度对子系统协同程度进行评价。

4.2.1.2 数据包络分析协同度模型

数据包络分析（data envelopment analysis，DEA）主要是针对投入—产出

---

[1] 曾珍香，顾培亮，张闽. DEA 方法在可持续发展评价中的应用 [J]. 系统工程理论与实践，2000（8）：114-118.

[2] 冯怡康，王雅洁. 基于 DEA 的京津冀区域协同发展动态效度评价 [J]. 河北大学学报（哲学社会科学版），2016，41（2）：70-74.

[3] 岳斯玮. 基于熵值-灰色关联分析模型的产业结构转换能力评价 [J]. 西南民族大学学报（自然科学版），2014，40（6）：953-960.

[4] 杨晓冬，武永祥. 协调发展视角下的商品住宅价格模型研究：以上海市为例 [J]. 中国软科学，2014（1）：160-170.

进行分析的工具，但同样也可以采用此方法对系统协同能力进行评价和判断。

假设存在一个系统 S，系统 S 存在 n 个情况相似的子系统，每个子系统包含输入序参量 X_j 和输出序参量 Y_j，其中，$j=1,\cdots,n$。定义 $X_j = \{x_{1j}, x_{2j}, \cdots x_{mj}\}^\tau$，$Y_j = \{y_{1j}, y_{2j}, \cdots y_{zj}\}^\tau$；$x_{ij}$ 为第 j 个子系统中第 i 个指标的输入量，y_{ij} 表示第 j 个子系统中第 i 个指标的输出量。数据包络分析理论定义投入为子系统输入序参量的指标，产出为系统输出序参量指标。对子系统是否协同的研究即是对系统投入—产出是否高效的研究，当效率越高，系统协同度越高；反之，协同度越低。因此，利用数据包络分析模型中的 C^2R 模型，分为三种情况进行讨论，进而判定某个子系统有效性的 C^2R 模型对偶模型，判定依据如表 4-1 所示。

表 4-1　数据包络分析模型及判断依据

有效值	松弛变量 S^-，S^+	数据包络分析有效性	含义
$\theta = 1$	$S^- = S^+ = 0$	有效	对于子系统，投入 X_0 对应产出 Y_0 已是最优
$\theta = 1$	$S^- \neq S^+ \neq 0$	弱有效	对于子系统，投入 X_0 减少 S^- 对应产出 Y_0 可以保持不变；保持投入 X_0 对应产出 Y_0 可以增加 S^+
$\theta < 1$	—	无效	对于子系统，当投入 X_0 减少到 θx_0，对应产出 Y_0 保持不变

4.2.1.3　灰色关联协同度模型

灰色关联分析能够通过关联度描述与确定变量关系，主要包括绝对关联度和相对关联度。相对关联度利用相对量分析两个变量的关系，适应数据差异性问题。具体分析步骤如下：

第一，确定研究对象。假设一个系统 S 中存在 m 个子系统，每个子系统有 n 个序参量评价指标，则原始评价矩阵为

$$S = (a_{ik})_{m \cdot n} = \begin{bmatrix} a_{11} & \cdots & a_{1n} \\ \cdots & \cdots & \cdots \\ a_{m1} & \cdots & a_{mn} \end{bmatrix} \tag{4-6}$$

参考序列定义为用来描述系统行为特征变量，比较序列定义为对系统行为产生影响的变量。

设 $S_0 = \{a_{01}, a_{02}, \cdots, a_{0n}\}$ 为参考序列，其中，$a_{0k} = \text{optimum}(a_{ik})$，$i = 1, 2, \cdots, m$；$k = 1, 2, \cdots, n$。

第二，数据标准化。为消除数据量纲差异的影响，需进行无量纲化处理，

通过原始评价矩阵和参考序列建立评价增广矩阵

$$S' = (a_{ik})_{(m+1) \cdot n} = \begin{bmatrix} a_{01} & a_{02} & \cdots & a_{0n} \\ a_{11} & a_{12} & \cdots & a_{1n} \\ a_{21} & a_{22} & \cdots & a_{2n} \\ \cdots & \cdots & \cdots & \cdots \\ a_{m1} & a_{m2} & \cdots & a_{mn} \end{bmatrix} \quad (4-7)$$

采用极值法进行无量纲化处理,对于正向指标,即指标取值越大越好时

$$a_{ik}^* = a_{ik}/a_{ik\max}, \; i = 1, 2, \cdots, m \quad (4-8)$$

对于负向指标,即指标取值越小越好时

$$a_{ik}^* = a_{ik\min}/a_{ik}, \; i = 1, 2, \cdots, m \quad (4-9)$$

$$S^* = a_{ik(m+1) \cdot n}^* = \begin{bmatrix} a_{01}^* & a_{02}^* & \cdots & a_{0n}^* \\ a_{11}^* & a_{12}^* & \cdots & a_{1n}^* \\ a_{21}^* & a_{22}^* & \cdots & a_{2n}^* \\ \cdots & \cdots & \cdots & \cdots \\ a_{m1}^* & a_{m2}^* & \cdots & a_{mn}^* \end{bmatrix} \quad (4-10)$$

第三,计算关联系数与关联系数矩阵

$$\xi_{0i}(k) = (\Delta\min + \rho \cdot \Delta\max)/(\Delta_{0i}(k) + \rho \cdot \Delta\max)$$
$$\xi_{0i}(k) = (\Delta\min + \rho \cdot \Delta\max)/(\Delta_{0i}(k) + \rho \cdot \Delta\max)$$
$$\Delta_{0i}(k) = |A_{0k} - A_{ik}|; \; \Delta\min = \min_k \min_i \Delta_{0i}(k); \; \Delta\max = \max_k \max_i \Delta_{0i}(k)$$
$$(4-11)$$

式(4-11)中,$\Delta_{0i}(k)$ 是所研究序列 A_i 和 A_0 在第 k 个指标差值的绝对值,ρ 为分辨系数,取值区间为 [0, 1],一般情况下,取 $\rho = 0.5$,进而将关联系数公式和增广矩阵公式结合①,得到关联系数矩阵

$$D = \xi_{0i(k)m \cdot n} = \begin{bmatrix} \xi_{01}(1) & \xi_{01}(2) & \cdots & \xi_{01}(n) \\ \xi_{02}(1) & \xi_{02}(2) & \cdots & \xi_{02}(n) \\ \xi_{03}(1) & \xi_{03}(2) & \cdots & \xi_{0n}(n) \\ \cdots & \cdots & \cdots & \cdots \\ \xi_{0m}(1) & \xi_{0m}(2) & \cdots & \xi_{0m}(n) \end{bmatrix} \quad (4-12)$$

4.2.1.4 变异系数最小化协同度模型

变异系数(C_w)即为离差系数,等于原始数据的标准差(S_α)与平均值($\bar{x}$)的比值,即 $C_w = S_\alpha/\bar{x}$。假设一个系统存在两个子系统,分别为系统 A_1 和

---

① 谭学瑞,邓聚龙. 灰色关联分析:多因素统计分析新方法 [J]. 统计研究,1995(3):46-48.

A_2，x_1，x_2，$\cdots x_m$ 分别为描述系统 A_1 的序参量指标，y_1，y_2，$\cdots y_n$ 分别为描述系统 A_2 的序参量指标。首先，将 x_i 和 y_j 进行无量纲化处理，并将其命名为 x'_i 和 y'_j，处理过程为

$$x'_i \begin{cases} x_i/x\max \\ x_i/x\min \end{cases}, \quad y'_j \begin{cases} y_j/y\max \\ y_j/y\min \end{cases} \quad (4-13)$$

其中，当指标 x_i 和 y_j 越大越好时，选择前式；当指标 x_i 和 y_j 越小越好时，选择后式。令

$$f_{A_1}(x'_i) = \sum_{i=1}^{m} a_i x'_i$$

$$f_{A_2}(y'_j) = \sum_{j=1}^{n} b_j y'_j \quad (4-14)$$

其中，$f_{A_1}(x'_i)$ 和 $f_{A_2}(y'_j)$ 为系统 A_1 和 A_2 的评价函数，a_i 和 b_j 为指标权重，则两个系统的变异系数为

$$C_w = S'_d(1/2[f_{A_1}(x'_i) + f_{A_2}(y'_j)]) \\
= \sqrt{2\{1 - f_{A_1}(x_i) \cdot f_{A_2}(y_j)/[f_{A_1}(x_i) + f_{A_2}(y_j)/2]^2\}} \quad (4-15)$$

式（4-15）中，S'_d 为标准差，则 C_w 越小，子系统越协同，令

$$C' = f_{A_1}(x_i) \cdot f_{A_2}(y_j)/[f_{A_1}(x_i) + f_{A_2}(y_j)]/2$$

再令

$$C = \{f_{A_1}(x_i) \cdot f_{A_2}(y_j)/[f_{A_1}(x_i) + f_{A_2}(y_j)]/2\}^k \quad (4-16)$$

式（4-16）为变异系数最小化协同度模型，其中 C 为协同度，K 为调节系数，$K \geq 2$。当系统处于协同状态时，整个系统中子系统发展水平一致，子系统发展与系统整体发展水平接近程度越高，协同度越高。

4.2.2 系统协同度方法的评价与选择

协同度模型测算研究包括四大类。这四类模型的适用原理、计算方式和所需假设条件等各不相同，但也具有共同性，即系统协同度测算的核心思想都是用某一标准对系统自身所处状态进行测算，从而比较各系统发展的差异。

本研究是为了探究科技孵化产业智力资本协同创新能力，探讨区域科技孵化智力资本协同能力的制约因素。序参量功效函数协同度模型，即复合系统协同度模型，能够对子系统的系统状态进行更好的评判。其中，孟庆松，韩文秀构建系统协同度测算模型，对教育、经济和科技组成的区域创新体系复合系统进行实证分析[①]；毕克新和孙德花利用复合系统协同度模型，采用

---

① 孟庆松，韩文秀. 复合系统协调度模型研究 [J]. 天津大学学报，2000（4）：444-446.

2000—2008年制造业企业科技活动数据，对制造业企业产品创新协同发展程度进行研究①；马艳艳和孙玉涛等建立包括科技、能源环境和经济社会在内的国家创新复合系统，并运用1995—2007年统计数据对其系统协同度进行实证研究②；罗亚非和王海峰等采用复合系统模型，使用1992—2006年数据对中国高校R&D投入与经济发展之间的协同度进行研究，并证明高校研发投入与经济增长总体呈现良好协调状态③。本研究在综合各种方法的基础上，发现大部分学者选用了序参量功效函数复合系统度协同模型进行研究，对子系统在复合系统中的贡献程度进行量化，从而在区域范围内发现影响有序进程的因素。因此本研究同样选择序参量功效函数耦合协同模型进行后续研究。

4.3 科技孵化产业创新复合系统协同度模型构建

4.3.1 熵值法理论基础

"熵"是热力学的概念，主要是对系统无序程度的度量。1948年，香农将信息论与熵的概念结合在一起，提出"信息熵"的概念，并指出信息中普遍存在冗余信息，信息冗余度会受到符号不确定性的影响，排除冗余信息后原信息中所剩余的平均信息量即为"信息熵"④。信息熵实现了信息的量化，使得信息冗余度能够通过数学语言表示。

熵值法指的是借助排除冗余后的信息熵求解熵值，利用指标变异的程度，进而得到以熵值为基础修正的指标权重，根据修正后的权重大小对指标进行检验，从而得到客观指标权重。根据上述原理，当复合系统处于不同状态，且状态出现概率为 P_i 时，复合系统熵可以表示为

$$e = -\sum_{i=1}^{m} P_i \ln P_i \,(i = 1, 2, 3, \cdots, m) \tag{4-17}$$

4.3.2 基于熵值法构建复合系统协同度模型

确定评价指标的权重也是建立复合系统协同度模型的重要组成部分，由

---

① 毕克新, 孙德花. 基于复合系统协调度模型的制造业企业产品创新与工艺创新协同发展实证研究 [J]. 中国软科学, 2010 (9): 156-162, 192.

② 马艳艳, 孙玉涛, 徐茜. 国家创新系统运行协调度测度模型及实证 [J]. 科学学与科学技术管理, 2013, 34 (9): 46-54.

③ 罗亚非, 王海峰, 范小阳. 高校R&D投入与经济发展协调度国际比较 [J]. 科研管理, 2012, 33 (4): 116-123.

④ SHANNON, C. A mathematical theory of communication [J]. Bell system technical journal, 1948 (27): 379-423.

于数据来源与计算方法不同,指标权重确定方法多样,主要包括德尔菲法、层次分析法、模糊综合评级法等主观赋权法,以及因子分析法、变异系数法、熵值法等客观赋权法。通过对协同度的测算可以确定科技孵化产业协同发展的演化路径与成果。为保证研究的科学性,减少主观因素的影响,本研究选用熵值法确定指标权重,构建科技孵化产业创新系统协同度模型并确定各个指标权重。熵值赋权法可以基于客观信息,通过分析指标之间的关联程度确定指标权重。

4.3.2.1 数据指标标准化处理

将科技孵化产业智力资本协同创新系统看作复合系统,主要包括科技孵化产业智力资本资源子系统、孵化器创新绩效子系统和创客绩效子系统。其中,设科技孵化产业协同创新系统子系统为 S_i, $i \in (1, 3)$。S_1 代表孵化器科技智力资本资源子系统,S_2 代表孵化器科技创新绩效子系统,S_3 代表创客科技创新绩效子系统。科技孵化产业创新系统有 m 项指标,n 个样本,形成原始数据矩阵序参量变量 $X = (X_{ij})_{m \times n}$。$\alpha_{ij}$ 和 β_{ij} 分别是各序参量的上下限值,其中,$\beta_{ij} < x_{ij} < \alpha_{ij}$。当序参量对子系统有序度起到正向作用时,即序参量 x_{ij} 越大,子系统有序度越高。反之,当序参量 x_{ij} 起到负向作用时,序参量值越小,子系统有序度越低。针对各指标数据量纲存在的差异,对各指标进行标准化处理。为避免数据计算过程中出现无意义状况,将分母扩大110%。将数据进行标准化处理,标准化后的数据进行数据平移,得到子系统序参量分量 x_{ij} 有序度公式为

$$X'_{ij} = \begin{cases} \dfrac{x_{ij} - \beta_{ij}}{(\alpha_{ij} - \beta_{ij}) \times 110\%}, & x \text{ 为正指标} \\ \dfrac{\alpha_{ij} - x_{ij}}{(\alpha_{ij} - \beta_{ij}) \times 110\%}, & x \text{ 为负指标} \end{cases} \quad (4-18)$$

其中,$i = 1, 2, \cdots, n$;$j = 1, 2, \cdots, m$,X'_{ij} 代表第 i 个样本下第 j 个指标的数值。由公式可知,$X'_{ij} \in [0, 1]$,当 X'_{ij} 越接近于1,则序参量分量 x_{ij} 对子系统有序程度贡献越大;当 X'_{ij} 越趋近于0,表明该序参量分量 x_{ij} 对子系统贡献度越小,进而有可能阻碍子系统与复合系统的发展。

4.3.2.2 熵值法确定指标权重

根据熵值法流程,确定指标权重。

第一,需要对第 j 项归一化指标进行计算,即计算第 j 项指标下第 i 个方案占指标的比重

$$P_{ij} = \dfrac{X'_{ij}}{\sum_{i=1}^{n} X'_{ij}} (j = 1, 2, \cdots, m) \quad (4-19)$$

第二，计算第 j 项熵值

$$e_j = -k \sum_{i=1}^{n} p_{ij} \ln(p_{ij}) \quad (4-20)$$

其中，$k>0$，$k=1/\ln(n)$，$e_j \geq 0$。

第三，计算第 j 项指标的差异系数。其中，对于第 j 项指标，当指标差异系数越大，则表示子系统差异越大，则该指标对子系统评价的决定性越大，其熵值就越小。反之，当指标差异系数越小，系统存在差异越小，则指标对子系统评价的决定性越小，其熵值越大。差异系数计算公式为

$$g_j = \frac{1-e_j}{m-E_e} \quad (4-21)$$

其中，$E_e = \sum_{j=1}^{m} e_j$，$0 \leq g_j \leq 1$，$\sum_{j=1}^{m} g_j = 1$。

第四，计算各项指标的权重

$$w_i = \frac{g_j}{\sum_{j=1}^{m} g_j} (1 \leq j \leq m) \quad (4-22)$$

4.3.2.3 线性加权法计算子系统发展水平综合得分

在上文计算指标权重的基础上，利用线性加权法，对科技孵化产业智力资本资源子系统、科技孵化器绩效子系统和创客绩效子系统各自发展水平得分 S_i 进行测算

$$S_i = \sum_{j=1}^{m} w_i \cdot X'_{ij} \quad (i=1,2,\cdots,n) \quad (4-23)$$

4.3.2.4 复合系统耦合协同度测算

复合系统耦合关联度评价模型能够一定程度上全面反映科技孵化产业智力资本资源子系统、孵化器绩效子系统和创客绩效子系统之间的耦合关联程度，识别耦合发展程度与影响因素。因此本研究在结合耦合协同度模型基础上，构建了科技孵化产业智力资本创新系统的耦合协同度模型。三个子系统相互耦合，通过相关序列耦合指标对复合系统耦合协同度进行计算，其中科技孵化产业智力资本协同创新系统整体协调系数为 C，为了避免计算过程中三个子系统因为发展水平高低对协同能力的影响，还需计算反映科技孵化产业智力资本协同创新系统协调发展水平的耦合协同度指数 H，即系统总体协同度，计算公式为

$$C = \left[\frac{S_1 \times S_2 \times S_3}{\frac{S_1+S_2+S_3}{3}} \right] \quad (4-24)$$

$$V = \alpha S_1 + \beta S_2 + \gamma S_3 \quad (4-25)$$
$$H = C \times V \quad (4-26)$$

其中，C 为系统整体协调系数，V 为总体功能度，H 为科技孵化创新复合系统总体协同度。α，β，γ 分别为三个子系统所对应的权重，并且满足 $\alpha+\beta+\gamma=1$。本研究认为，三个子系统在协同发展过程中对系统贡献相同，同等重要，即 $\alpha=\beta=\gamma=1/3$。总系统协同度 H 取值在 $0\sim1$，H 越大代表总系统协同度越高；反之，系统协同度越低。

4.3.2.5 协同等级划分

为了表征科技孵化产业智力资本创新系统内部不同子系统或系统内部协同演化状况，使其评价更加客观，借助模糊数学的思想，结合张方等的研究[①]，将协同等级分成四类，不同区间代表不同的协同演化状态，协同度与协同状态对应关系如表4-2所示。

表4-2 科技创新系统协同等级划分标准

协同度	协同类型	阶段划分	基本特征
$0 < H \leq 0.2$	低度协同	低水平阶段	三个子系统处于低水平发展阶段，总系统处于低水平协同
$0.2 < H \leq 0.5$	中度协同	拮抗阶段	三个子系统处于快速发展阶段，系统内部矛盾突出
$0.5 < H \leq 0.7$	良好协同	磨合阶段	三个子系统处于高速发展阶段，系统开始向健康有序方向发展
$0.7 < H \leq 1$	高度协同	高水平阶段	三个子系统处于良性共振阶段，总系统高度协同

协同度 H 处于 $[0,1]$。一般情况下，当科技孵化产业智力资本协同创新系统协同度为 $0<H\leq0.2$ 时，此时系统处于低度协同的低水平阶段，此阶段的特征为科技孵化产业智力资本资源子系统、孵化器创新绩效子系统和创客创新绩效子系统处于低水平发展阶段，科技孵化产业智力资本创新系统处于低水平的协同阶段；当创新系统协同度为 $0.2<H\leq0.5$ 时，系统处于中度协同的拮抗阶段，系统特征表现为三个子系统快速发展，系统内部矛盾突出，并处于不断地变换更迭中；当创新系统协同度为 $0.5<H\leq0.7$ 时，系统处于良好协同的磨合阶段，系统特征为三个子系统处于高速发展状态，系统在经过无序

---

① 张方，揭筱纹. 资源型企业技术创新系统协同度评价研究[J]. 统计与决策，2012（22）：62-65.

状态后,开始向健康有序方向发展;当创新系统协同度为 $0.7<H\leq 1$,系统处于高度发展的高水平阶段,此阶段系统特征为三个子系统处于良性共振阶段,总系统达到高度协同水平。

4.4 孵化产业智力资本创新系统协同能力评价指标体系构建

4.4.1 评价体系指标选取的基本原则

科技孵化产业智力资本耦合协同模型构建评价指标的选取应当遵循一定的原则。结合陈云芳和宋清林等人关于科技孵化产业与复合系统耦合发展等方面的研究①②,本研究将评价指标体系的选取原则概括为四个。

4.4.1.1 系统性原则

科技孵化产业智力资本创新协同耦合能力评级体系的构建,首先在遵循科技孵化产业经济发展规律和市场规律的基础上,应该综合考虑每个指标对每个子系统整体的影响。由于子系统具有动态交互性,不能将单一指标割裂。在对系统指标进行选取时,应该充分考虑指标标量对系统现状、趋势的反映程度,综合不同的角度,统筹兼顾,体现系统性与综合型,能够不断适应外部动态环境并做出相应调整。

4.4.1.2 可操作性原则

科技孵化产业智力资本耦合协同评价体系指标的构建,需要实证数据进行支撑,因此要求选择具有针对性的评价指标,指标容易获取并能不断更新,表征指标的数据要真实可靠,并能进行较好的量化处理,进而使协同能力评价具有可行性和内在逻辑性,以便做出客观的评价。

4.4.1.3 规范性原则

科技孵化产业智力资本协同耦合能力的评价要求指标选取能够具有明确的区分并具有规范性。子系统每个指标需要有明确的含义,能够保证评估量纲在时间和空间方面的稳定性,能够对数据来源和参数设置进行准确规范的表述,不受主体变动等因素的影响。

4.4.1.4 适应性原则

在指标选取时,应该选择能够涵盖全国科技孵化产业智力资本协同发展

---

① 陈云芳. 多功能林业的协同发展指标体系与评价模型研究[D]. 北京:中国林业科学研究院,2012.

② 宋清林. 战略性新兴产业与区域协同创新耦合发展研究:以天津市信息技术产业为例[D]. 天津:天津大学,2015.

中普遍的问题，指标应尽可能地反映子系统的功能和特征，反映各子系统特征的综合信息因子，能够在其他相关研究中推广应用，能够用于不同区域科技孵化产业衡量智力资本。

4.4.2 科技孵化产业智力资本协同发展指标体系的一般指标

4.4.2.1 智力资本资源子系统指标体系的评价内容

前文已经就科技孵化产业智力资本概念做出了界定，在对概念界定的基础上提出测量指标。

高亚莉、张薇等将区域人力资本划分为高级人才和公民教育两个维度，用受过高等教育人才的数量和比例表征高等人才，用普通公民整体受教育水平测量公民教育维度[①]；徐爱萍建立了包含健康水平、知识与经验水平、能力和精神4个一级指标、29个二级指标的指标体系进行测量[②]；李凌芳用孵化器管理团队员工数量和专家数量表征人员数量，用拥有本科学历及以上人员比例和专家占全体人员比例表征人员质量[③]。本研究认为，指标选取不是越多越好，应该能够体现变量内涵。因此结合上文研究提出的科技孵化产业人力资源主要包括人员数量和人员质量，考虑到二手数据指标的可获取性，选择管理机构从业人数（人）对人力资本进行表征。

国外学者对结构资本的表征多为对设备数量的测量，而国内学者采用更为宏观的指标对结构资本进行测量，如政府效率、基础设施数量等，其中，王向华采用人均图书馆藏书量、人均教育经费支出、人均固定资本投资、研究经费支出等7项指标进行测量；李凌芳采用硬件设施、孵化器战略组织、孵化器运作机制和孵化服务四方面指标对孵化器结构资本进行评价[④]。本研究主要从服务、制度和文化三个层面对结构资本进行表征，即选择对公共技术平台投资额（千元），表征孵化产业孵化器内部对公共技术平台的服务投入；选择孵化基金总额（千元），表征孵化器中为创客提供的资本支持；选择服务用房面积（平方米），表征科技孵化器内部对创客公共服务空间的投入大小。

科技孵化产业关系资本体现了科技孵化产业吸引智力资本的能力和竞争能力水平。王向华采用人均图书发行量、人均期刊发行量、高技术产品出口额、上网人口比重等8项指标对区域关系资本进行评价；徐爱萍从客户、供

---

① 高亚莉，张薇，李再扬.2000—2007年我国区域智力资本的测量[J].情报杂志，2009，28(9)：83-87，45.

② 徐爱萍.智力资本三维提升组织绩效的路径与机理分析[D].武汉：武汉理工大学，2010.

③ 李凌芳.企业孵化器智力资本对知识转移及在孵企业成长的影响研究[D].上海：华东理工大学，2011.

④ 王向华.基于三螺旋理论的区域智力资本协同创新机制研究[D].天津：天津大学，2012.

应商、其他关系网络、企业商誉等方面对智力资本中的关系资本进行评价①；从孵化器与大学、中介机构、政府合作紧密程度以及有紧密联系程度的机构、大学、中介机构数量等方面对孵化器关系资本进行测量。本研究结合数据可获取性，从创业导师人数（人）和当年获得风险投资额（千元）两方面对关系资本进行表征。

4.4.2.2 孵化器绩效子系统指标体系的评价内容

王艺博将孵化器绩效分为孵育绩效、运营绩效、创新绩效和经济绩效四个方面。孵化器绩效主要是衡量内部孵育企业情况，衡量对在孵企业成功毕业的服务程度②。李岱松采用年度毕业率对孵育绩效进行测量；提出运营绩效主要指孵化器本身的生存情况，衡量孵化器本身发展能力和可持续性，采用企业孵化器净资产收益率、孵化器人均收入增长率等对该指标进行测量；提出创新绩效主要考察孵化器对科技企业科技成果转化的促进绩效与贡献程度，采用获得市级以上成果转化数和市级以上技术中心数量进行衡量；提出经济绩效主要指孵化器对地方或产业发展的贡献，采用在孵企业从业人数和在孵企业上缴税收数衡量③。本研究严格区分孵化器绩效和创客绩效，认为孵化器绩效应侧重于孵化器运营绩效方面，采用孵化器总收入（千元）对孵化器绩效进行衡量。

4.4.2.3 创客绩效子系统指标体系的评价内容

王红卫将孵化企业界定为企业、初创企业以及科技型企业，因此结合企业绩效评价指标如财务性指标、成长性绩效指标和创新性绩效指标对孵化企业绩效进行评价，其中测量指标包括员工人数年增长率、销售额增长率、企业一年以上专业技术人员数量、企业拥有专业人员的数量等④。本研究将创客绩效划分为经济绩效和创新绩效两方面，经济绩效侧重于孵化企业入孵毕业后取得的经济效益，主要采用在孵企业总收入（千元）和当年毕业企业（个）进行测量；创新绩效侧重于创客入孵成功毕业后对科技成果转化的促进作用以及社会效益，主要用知识产权授予数（个）和在孵企业从业人员数（人）进行测量。

4.4.2.4 科技孵化产业智力资本协同发展指标体系的构建

科学合理的科技孵化产业智力资本创新协同评价指标体系，是对整个科

---

① 徐爱萍. 智力资本三维提升组织绩效的路径与机理分析 [D]. 武汉：武汉理工大学，2010.
② 王艺博. 外部环境、孵化网络对孵化绩效影响的实证研究 [D]. 长春：吉林大学，2013.
③ 李岱松，张革，黎朝辉. 企业孵化器绩效评价研究 [J]. 北京工业大学学报（社会科学版），2008（2）：23-27.
④ 王红卫. 科技企业孵化器孵化创新对孵化企业绩效影响研究 [D]. 杭州：浙江大学，2008.

技孵化产业是否协同发展进行判断的依据和基础，选取指标是否准确科学、指标结构是否合理，直接影响研究问题和研究结果的客观性和可信度，因此序参量及其分量的确定对协同度的测算至关重要。上文已经分别对不同子系统的序参量进行确定。在充分考虑数据全面、系统、可量化、易获取的基础上，本研究基于协同学理论，以智力资本"H-S-R"三维结构视角为切入点，参考中国科技孵化产业发展现状，结合孵化产业绩效概念，在三个子系统指标下，进行总结和概述，并确定5个序参量一级指标以及11个序参量分量二级指标，评价指标体系如表4-3所示。

表4-3 科技孵化产业科技创新系统耦合协同度参量选择及权重

系统	子系统	序参量	序参量分量	单位
科技孵化产业创新系统	智力资本资源子系统 (S_1)	人力资本	管理机构从业人数（x_{11}）	人
		结构资本	对公共技术服务平台投资额（x_{12}）	千元
			孵化基金总额（x_{13}）	千元
			服务用房（x_{14}）	平方米
		关系资本	创业导师人数（x_{15}）	人
			当年获风险投资额（x_{16}）	千元
	孵化器科技绩效子系统 (S_2)	孵化器创新绩效	孵化器总收入（x_{21}）	千元
	创客科技创新绩效子系统 (S_3)	创客创新绩效	知识产权授予数（x_{31}）	个
			当年毕业企业（x_{32}）	个
			在孵企业从业人员数（x_{33}）	人
			在孵企业总收入（x_{34}）	千元

4.4.3 科技孵化产业智力资本创新系统协同能力评价步骤

在构建科技孵化智力资本创新系统耦合协同能力评价模型以及评价指标体系的基础上，进一步总结科技孵化产业智力资本创新系统协同能力评价步骤如图4-2所示，即：将智力资本协同创新系统划分为协同创新资源子系统（S_1），孵化器科技创新绩效子系统（S_2），创客科技创新绩效子系统（S_3）。确定指标评价体系并确定序变量S_1，S_2，S_3；协同能力评价实证研究的数据来源于参数设置,并进行实证研究,从而分别得到三个子系统的系统有序度 C_1、C_2、C_3,在此基础上根据耦合协同评价模型计算科技孵化产业智力资本创新系统的整体协同度 H,得到全国范围内不同省份的科技孵化产业智力资本协同创新能力的评价结果。

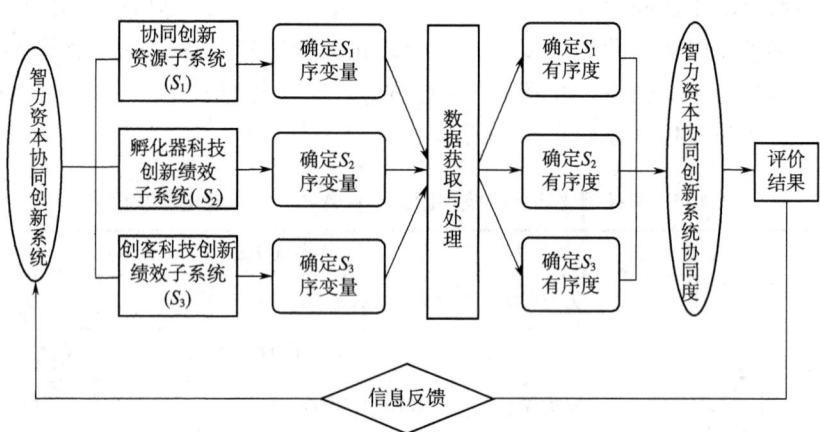

图 4-2 科技孵化产业智力资本创新系统协同度测算流程

4.5 科技孵化产业智力资本创新系统协同能力的测度与分析

4.5.1 数据来源

科技孵化活动的开展需要一定地理空间的承载,科技孵化产业智力资本系统协同发展的状态和水平会因地理区域条件的差异而有所不同,地理区域条件差异源于各省份智力资本吸收能力和资源配置能力的不同,因此有必要对各省份智力资本吸收能力与资源配置能力进行分析与对比。同时,省域数据具有易获取性、可比较性、直观性,因此本实证研究主要以省域地理区域数据作为空间观测单元。

数据来源于《中国火炬统计年鉴》《中国科技统计年鉴》《中国统计年鉴》以及各省份统计年鉴,在评价模型与评价指标体系的基础上,以 2009 年数据为统计起点,采用 2009—2016 年的面板数据对 31 个省份和地区的科技孵化产业智力资本协同能力进行测度与分析。

4.5.2 智力资本创新系统协同度评价

本研究分别对全国及江苏省科技孵化产业协同创新系统进行测度与分析。

4.5.2.1 科技孵化产业创新复合系统协同度测度

利用 Matlab R2016 软件进行编程,进而得到科技孵化产业创新复合系统协同度评价结果,如表4-4所示。

表4-4 31个省份科技孵化产业创新复合系统协同度(2009—2016年)

省份	2009年	2010年	2011年	2012年	2013年	2014年	2015年	2016年
北京	0.554	0.318	0.235	0.138	0.105	0.205	0.242	0.320
天津	0.041	0.040	0.010	0.013	0.019	0.024	0.056	0.043
河北	0.020	0.019	0.010	0.019	0.011	0.013	0.021	0.020
山西	0.005	0.006	0.003	0.003	0.004	0.005	0.011	0.016
内蒙古	0.005	0.008	0.003	0.004	0.003	0.005	0.016	0.015
辽宁	0.085	0.125	0.067	0.063	0.045	0.035	0.055	0.065
吉林	0.012	0.016	0.009	0.009	0.007	0.010	0.030	0.076
黑龙江	0.022	0.056	0.006	0.011	0.012	0.012	0.015	0.015
上海	0.115	0.165	0.073	0.062	0.055	0.072	0.115	0.119
江苏	0.222	0.374	0.227	0.410	0.346	0.500	0.790	0.769
浙江	0.131	0.153	0.081	0.289	0.173	0.115	0.156	0.138
安徽	0.024	0.022	0.018	0.018	0.011	0.015	0.030	0.022
福建	0.056	0.050	0.019	0.017	0.014	0.016	0.050	0.033
江西	0.015	0.014	0.003	0.006	0.005	0.006	0.010	0.013
山东	0.148	0.222	0.072	0.102	0.062	0.083	0.217	0.257
河南	0.103	0.064	0.023	0.026	0.025	0.026	0.062	0.057
湖北	0.092	0.088	0.059	0.041	0.027	0.035	0.073	0.069
湖南	0.034	0.058	0.035	0.027	0.018	0.027	0.045	0.035
广东	0.260	0.328	0.246	0.153	0.088	0.142	0.251	0.241
广西	0.008	0.013	0.006	0.007	0.005	0.006	0.011	0.012
海南	0.020	0.030	0.009	0.038	0.001	0.002	0.003	0.003
重庆	0.020	0.030	0.009	0.011	0.014	0.008	0.013	0.014
四川	0.085	0.103	0.034	0.024	0.016	0.023	0.059	0.047
贵州	0.006	0.011	0.003	0.003	0.004	0.004	0.008	0.023
云南	0.014	0.019	0.007	0.006	0.006	0.007	0.014	0.018
西藏	0.211	0.329	0.001	0.001	0.006	0.001	0.002	0.002
陕西	0.211	0.329	0.083	0.069	0.047	0.040	0.079	0.085

续表

省份	2009年	2010年	2011年	2012年	2013年	2014年	2015年	2016年
甘肃	0.009	0.010	0.003	0.003	0.002	0.002	0.004	0.005
青海	0.002	0.003	0.002	0.002	0.002	0.003	0.005	0.006
宁夏	0.002	0.003	0.001	0.002	0.001	0.002	0.003	0.003
新疆	0.003	0.003	0.002	0.003	0.011	0.012	0.005	0.007

4.5.2.2 科技孵化产业创新复合系统协同度分析

通过对2009—2016年科技孵化产业协同度计算分析发现：

(1) 从整体看，从2009—2016年，31个省份中大部分地区科技孵化产业创新系统协同度仍然处于低度协同的低水平阶段，在[0，0.2]之间震荡。其中，2009年有26个省份，2010年有25个省份，2011年有28个省份，2012年有29个省份，2013年有30个省份，2014年有29个省份，2015年有27个省份，2016年有27个省份处于该阶段，表明科技孵化产业良性协同发展并不充分，发展机制尚未形成，科技孵化产业良性发展机制有待建立，智力资本创新亟待协同。

(2) 从横向比较看，尽管2009—2016年大部分省份处于低度协同阶段，但是部分省份异军突起，表现出较高的协同水平。其中，2009年，北京市科技孵化产业创新系统复合系统协同度达到0.554，处于良好协同的磨合阶段，说明三个子系统处于高速发展阶段，系统开始向健康有序方向发展。江苏省、广东省、西藏自治区和陕西省处于[0.2，0.5]阶段，表现为三个子系统快速发展状态。2010年，北京市、江苏省、山东省、广东省、陕西省和西藏自治区处于[0.2，0.5]协同阶段；2011年，北京市、江苏省和广东省处于[0.2，0.5]协同阶段；2012年，江苏省和浙江省处于[0.2，0.5]协同阶段；2013年只有江苏省处于[0.2，0.5]协同阶段；2014年，北京市处于[0.2，0.5]协同阶段，而江苏省处于[0.5，0.7]协同阶段；2015和2016年，北京市、山东省、广东三省处于[0.2，0.5]协同阶段，江苏省处于[0.7，1]的高级协同阶段。由此可见，江苏省、山东省、广东省和北京市一直处于较高水平的协同阶段，这主要得益于2009年到2016年国家政策对于科技孵化产业和"大众创业、万众创新"的支持指导，江苏省、广东省、北京市等地政府充分发挥政府引导、市场主导、企业主体、社会参与的作用，增加产业投入，整合科技孵化产业智力资本资源，促进孵化器绩效和创客创新绩效的提升。

(3) 从纵向看，2009—2013年各省份科技孵化产业协同度上升趋势不明显，而 2013—2016 年，省域之间协同度有较大幅度的提高，这取决于三个子系统自身协同程度的提高，进而促进了复合系统整体协同程度的提高，和 2014 年国家提出"大众创业、万众创新"政策后的效应相对应，建设众创空间的政策为科技孵化产业的协同发展带来新的发展机遇与发展条件，其中发展速度最快的是江苏省。

4.6 本章小结

首先，根据高隆昌等提出的二象对偶理论将科技孵化产业智力资本协同创新系统分为状态子系统和过程子系统。其中，用科技孵化产业智力资本资源对状态子系统进行表征，用孵化器科技创新绩效子系统和创客创新绩效子系统对过程子系统进行表征。其次，梳理复合系统协同度评价模型，并选用基于熵值法的耦合协同度模型对复合系统协同能力进行评价。再次，参考中国科技孵化产业发展现状，结合孵化产业绩效的概念，在三个子系统指标下，确定了 5 个序参量一级指标以及 11 个序参量分量二级指标。最后，采用 2009—2016 年的面板数据对 31 个省份和地区的科技孵化产业智力资本协同能力进行测度与分析，结果表明，31 个省份中大部分地区科技孵化产业创新系统协同度仍然处于低度协同的低水平阶段，说明科技孵化产业良性发展机制尚未形成，良性发展机制有待建立，三个子系统需协同发展，不可偏废，共同促进科技孵化产业智力资本的协同。

5 科技孵化产业智力资本协同对区域创新影响的实证研究

科技孵化产业是一定地理区域内孵化器的总和,其功能和效应一定会作用于所依托的区域地理范围。科技孵化产业作为区域创新体系的重要组成部分,其作用主要体现在创新效应上,即科技孵化产业的协同发展促进区域创新,促进区域科技产出进而促进区域经济。前人研究多忽视了新经济地理理论在区域创新研究中的应用,本章将在前文研究的基础上考虑地理空间因素的影响,从空间视角考量科技孵化产业智力资本协同对区域创新绩效的直接效应和溢出效应。

5.1 科技孵化产业智力资本协同影响区域创新绩效机理分析

5.1.1 科技孵化产业智力资本协同影响区域创新绩效的理论框架

根据前文对科技孵化产业的定义,科技孵化产业的发展依托一定地理空间区域范围,科技孵化产业的协同发展能够加快创新产出,为区域培育和积聚创新创业力量,因此科技孵化产业属于区域创新系统不可分割的一部分;科技孵化产业在区域内能够培育中小初创企业,促进初创企业成长壮大与创新、研发和推广新产品等,是区域创新的主要动力和源泉,因此,科技孵化产业连同其他创业形式成为区域创新最主要的构成部分,即科技孵化产业的协同能力决定创客创新创业的资源和能力,决定区域及邻近区域的创新能力和潜力,因此有必要对科技孵化产业和区域创新绩效之间的关系进行理论探讨。

Cooke 等提出区域创新系统由互相独立的直接主体和间接主体参与构成,在特定的区域社会、经济和文化环境下,主体之间利用知识、信息和资金相互作用,协同创新[1]。本研究在对科技孵化产业智力资本协同与区域创新关系

---

[1] COOKE P, URANGA M G, ETXEBARRIA G. Regional systems of innovation: an evolutionary perspective [J]. Environment & planning A, 1998, 30 (9): 1563-1584.

进行研究时借鉴了 Cooke 等的成果，认为科技孵化产业智力资本协同创新系统是区域创新系统的重要子系统之一，考虑不同区域之间科技孵化产业之间的空间关联，构建图 5-1 的关系框架。

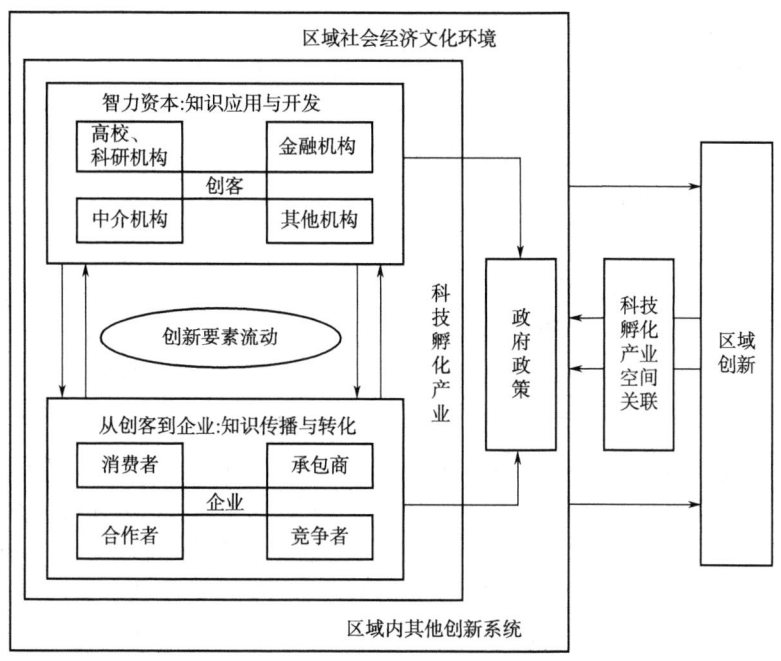

图 5-1　科技孵化产业与区域创新的关系框架

在科技孵化产业协同影响区域创新的理论框架中，最主要的部分为科技孵化产业与创客之间的关系，知识的应用与开发源于高校、科研机构、中介机构、金融机构和其他机构的智力资本资源，智力资本资源的支持与合理分布是主体发挥作用、进行协同发展的关键。经过创新要素的流动使得知识从应用、开发到传播和转化。在此作用下，创客成长为初创企业，并将知识在消费者、承包商、合作者与竞争者之间传播与转化。科技孵化产业在政府政策的支持下，通过一定的空间关联性作用对区域创新产生促进作用。

科技孵化产业对区域创新绩效的促进作用体现在微观、中观和宏观多个层面。从微观角度，科技孵化产业的协同发展为区域创新培养了创新创业的原生动力；从中观角度，科技孵化产业协同能够促进区域提升科技竞争实力，提升高技术产业发展水平，加快以科技孵化产业为助推器的新兴产业发展，推动区域创新能力和区域经济发展；从宏观而言，科技孵化产业系统发展可完善区域创新体系进而促进国家创新体系的完善和发展。

5.1.1.1 微观层面

科技孵化产业对区域创新在微观层面的贡献主要体现在培育具有创新能力的初创中小型企业方面。科技孵化产业选择具有市场发展潜力或者能够带来经济效益和社会效益的初创企业进入孵化器进行孵化，科技孵化产业在区域内为这些创客对接丰富的创新资源、基础设施等，使得创客能够利用优质基础与软硬件服务，与优质资源对接，形成区域资源网络，为创客提供创新源动力；在区域范围内汇集多种类孵化器，集聚创客，发挥互补和集聚优势；为区域营造创新氛围，将创客置于优势核心地位，成为区域技术创造的源头，为创客降低了创业失败的风险，增强了保障，降低了创业成本。

5.1.1.2 中观层面

科技孵化产业对区域创新中观层面的贡献在于构建了区域创新网络。通过科技孵化产业连接各个资源主体，主体通过在区域内学习并形成创新网络，网络内不断进行系统性创新活动。科技孵化产业为各主体发挥作用、进行学习知识的交互提供平台和制度性手段。科技企业孵化器与创客、孵化器与孵化器、孵化器与外部主体等在区域范围内多层次协同和共生，有效整合，一体化发展。随着科技孵化产业的不断壮大，其不断成为知识服务的新兴产业，有力地促进创客科技成果的转化和推广，促进传统行业的转型升级，进一步促进区域内部进行"二次创业"，为区域发展培育新的经济增长点。同时，科技孵化产业通过集成的网络优势进行资源共享、信息交流和优势互补，有利于实现区域内外的经济合作与发展。

5.1.1.3 宏观层面

科技孵化产业对区域创新宏观层面的贡献，一方面，在于其丰富了区域创新体系的内涵，进而壮大了国家创新体系的力量。国家"十三五"规划提出建设创新型国家的发展战略，创新型国家发展战略要求构建国家创新体系，而区域创新体系是国家创新体系的重要组成部分，科技孵化产业从长远看起到了区域增长极的作用，进而从根本上成为国家创新体系的中流砥柱。另一方面，科技孵化产业的发展提供了就业岗位，促进了社会的稳定。创客实现创业，提供了大量的就业机会，解决了失业可能带来的社会问题，一定程度上促进了社会稳定。科技孵化产业鼓励创新和探索，容忍失败，创造了活跃而又轻松的创新环境，培育了企业家精神，推动政府实现制度创新，提升了区域自主创新能力，形成"区域创新极核"。

5.1.2 科技孵化产业智力资本协同影响区域创新绩效的空间相关性

创新活动并不是孤立存在的，它的发生具有集聚特征，而集聚的发生使得创新活动具有一定的空间关联性。许多学者对区域创新体系之间的空间互动性进行了研究，如 Timothy 等提出，创新活动无边界，可以跨越空间相互影响[1][2]；Parent、Riou 对欧洲地区创新活动进行了研究，研究表明，创新活动具有明显的集聚性与空间溢出效应[3]；卓乘风和邓峰提出创新要素流动具有空间溢出效应并对溢出效应进行了测算[4]。因此，考虑科技孵化产业协同与区域创新之间的空间关联十分必要。深层次探究区域之间创新活动空间相关性产生的原因，一方面在于知识外溢。Tobler 在《经济地理》上提出"任何事物都与其他事物相关联，与较近的事物比较远的事物关联性更强"的"地理学第一定律"，为知识外溢的原因提供了合理的解释[5]。即地理区位的邻近使信息和知识流动转化的距离缩短，进而降低了知识转移和学习的成本，为知识外溢提供了条件。另一方面在于创新要素的流动。创新要素的流动带动创新资源的流动，一般会提升要素输入区域的创新活动水平，降低要素输出区域创新活动水平，产生创新能力势差，进而产生空间相关性。

此外，也有研究表明，政府政策同样会产生空间相关性。区域创新系统内，政府扮演着重要的角色，创新系统的发展离不开政府资金和政策的支持。而各地区在制定相应扶持政策时，会考虑邻近地区的政策，邻近地区政策存在交互效应。因此本研究也加入了对政府政策空间性的考量。

5.1.3 科技孵化产业智力资本协同影响区域创新绩效的途径

科技孵化产业智力资本协同主要通过知识溢出对区域创新产生作用，知识溢出主要通过专业化知识溢出、多样化知识溢出等方式发生作用。

5.1.3.1 专业化知识溢出

马歇尔认为，溢出发生在相同产业内部，由于成本外部性等问题，只有同类企业才能吸收溢出的知识。相同产业内由于相似的产品、技术和目标，能够更快地实现外部性学习的内部化，能够降低学习成本，更快适应

---

[1] TIMOTHY G B, NEIL M C. Spaces and scales of innovation [J]. Progress in human geography, 2001, 25 (4): 569-589.

[2] NEIL M C, TIMOTHY G B. "Spatializing" knowledge communities: towards a conceptualization of transnational innovation networks [J]. Global networks, 2003, 3 (4): 437-456.

[3] PARENT O, RIOU S. Bayesian analysis of knowledge spillovers in european regions [J]. Journal of regional science, 2005, 44 (4): 747-775.

[4] 卓乘风, 邓峰. 创新要素流动与区域创新绩效: 空间视角下政府调节作用的非线性检验 [J]. 科学学与科学技术管理, 2017, 38 (7): 15-26.

[5] TOBLER W R. A computer movie simulating urban growth in the detroit region [J]. Economic geography, 1970, 46 (4): 234-240.

学习环境，迅速做出改变。反映到科技孵化产业，专业化知识溢出主要发生在区域内部以及区域内科技孵化器内部，体现为人力资本流动、结构资本流动、关系资本流动和区域正式交流平台。区域科技孵化产业内部存在人力资本流动，富有工作经验、熟悉运作的人力资本在流动中转移和传递了管理经验、组织文化等，促使科技孵化产业内基础知识的更新，促进区域内部创新能力的提升。结构资本与关系资本等智力资本流动方式相似，都是创新网络要素在区域内带动知识溢出进而促进科技创新多样化知识溢出。区域正式交流平台主要体现为科技孵化产业本身作为区域内部知识交流的平台，展示创客最新的科技成果和新产品，并提供相关的增值服务，如产品路演、专家研讨会、媒介宣传等，这些都带来了知识的溢出，弥补了区域内的技术势差。

5.1.3.2 多样化知识溢出

在科技孵化产业，多样化溢出主要表现在不同科技孵化器之间以及邻近区域之间。技术首先在具有相似性或者互补性的孵化器之间产生，并在不同的孵化器与创客之间流动，不断产生新的知识和技术。新的知识和技术又在邻近区域之间流动和交换。尽管不同孵化器存在创客行业、经营活动、管理方式和文化精神的差异，邻近区域之间存在经济、文化和社会生活等方面的差异，但这种差异性为互补提供了动力，促进了演化和进步。多样化知识溢出主要包括孵化器之间、邻近区域之间非正式交流和上下游的合作。隐性知识的传播依赖于邻近区域与孵化器之间的非正式交流。非正式交流越频繁，隐性知识传播越为迅速广泛。科技孵化产业的协同使得孵化器在地理空间范围内集中，邻近区域在地理范围内接近，为孵化器之间密切接触提供了便利，加快了创客知识和信息的流动，也促进了不同知识的转化、碰撞和融合；上下游企业合作实现不同区域和不同孵化器之间的优势互补，能够建立分配、研究、开发、生产、销售、创新等综合的一体化模式。

5.2 实证检验的空间计量方法

科技孵化产业是否影响区域创新绩效？如何对区域创新绩效进行影响？科技孵化产业对区域创新的影响是否具有空间特征？本节将进一步构建空间计量模型，并对二者之间的关系进行实证检验。

5.2.1 空间计量模型的设定

空间计量经济学在计量经济学的基础上加入了空间因素。新经济地理学认为,人才、资本、技术等不同资源在不同的地理区域分布是不平衡的,这会带来地理上的流动和交互,这种流动和交互影响社会经济活动,从而产生空间效应[①]。空间效应主要包括两方面,空间自相关和空间异质性。空间异质性是指某项经济活动在地理范围内随地理位置的变化而变化;空间自相关指的是不同地理位置的经济活动非完全独立,存在非随机相似性,如果某一区域与邻近某个区域经济指标相似,说明总体存在正空间相关性,反之则存在负相关性或不存在空间相关性[②]。

空间计量经济学以新经济地理理论和客观经济理论为基础,通过构建空间计量模型,揭示空间经济活动规律。主要研究步骤为:确定所要研究的经济活动是否具有空间相关性,建立合适的空间计量模型,对模型进行检验、识别、分析并做出预测。

结合本研究,不同区域内科技孵化产业智力资本资源不尽相同,对区域创新产生异质性影响,因此提出科技孵化产业协同对区域创新绩效影响具有空间相关性的假设,下文采用空间计量方法进行研究。

根据 Elhorst 的研究[③]对空间计量模型的基本架构进行梳理:

(1) Manski 模型。该模型同时考虑了因变量、自变量和误差项的滞后项。其基本表达式为

$$Y = \rho WY + \alpha l_n + X\beta + WX\theta + u \tag{5-1}$$

其中,$u = \lambda Wu + \varepsilon$,$u$ 为随机误差向量(下同),l_n 为元素为 1 的列向量,Y 为因变量,W 是 n 维空间的权重矩阵,WY 是一阶空间滞后的因变量,ρ 为空间回归系数,表示邻近地区对本地区的影响方向和强度,取值范围为 $[-1, 1]$,X 为 $n \times k$ 维外生解释变量矩阵。

(2) Kelejian Prucha 模型 (SAC 模型)

$$Y = \rho WY + \alpha l_n + X\beta + u \tag{5-2}$$

(3) 空间杜宾模型 (spatial durbin model, SDM)。该模型同时考虑了因变量和自变量滞后项,公式为:

$$Y = \rho WY + \alpha l_n + X\beta + WX\theta + u \tag{5-3}$$

其中,Y 是 $n \times 1$ 维因变量矩阵,X 为 $n \times k$ 维自变量矩阵,W 为滞后空间因变量,ρ 为空间回归系数,β 是 $n \times 1$ 维回归系数向量,θ 是空间滞后解释变量的回归系数向量,u 为随机误差向量。

---

① KRUGMAN P. What's new about the new economic geography? [J]. Oxford review of economic policy, 1998, 14 (2): 7-17.

② ANSELIN L, GRIFFITH D A. Do spatial effecfs really matter in regression analysis? [J]. Papers in regional science, 1988, 65 (1): 11-34.

③ ELHORST J P. Spatial panel data models [M]. Groningen: University of Groningen, 2010.

(4) 空间杜宾误差模型 (spatial durbin error model, SDEM)。该模型考虑了自变量和误差项滞后，基本表达式为

$$Y = \alpha l_n + X\beta + WX\theta + u \tag{5-4}$$

(5) 空间滞后模型 (spaital lag model, SAR)。空间滞后模型又称为空间自回归模型，该模型包含了滞后的因变量，用来解释空间扩散效应，基本表达式为

$$Y = \rho WY + \alpha l_n + X\beta + u \tag{5-5}$$

(6) 空间误差模型 (spaital error model, SEM)。该模型只包含滞后的误差项，用滞后的误差项解释邻近地区对本地区的影响，基本表达式为

$$Y = \alpha l_n + X\beta + u \tag{5-6}$$

其中，Y 是因变量，u 是 $n×1$ 维随机误差向量；λ 为空间误差参数，反映某地区的变化对相邻地区的溢出情况，取值范围为 $[-1, 1]$；β 为自变量 X 对因变量 Y 的影响系数。

当 SAC 模型中 $\rho=0$，SDM 模型中 $\alpha=-\rho\beta$ 或者 SDEM 模型中 $\theta=0$ 时，模型可以退化为 SEM 模型。

5.2.2 空间计量模型的识别准则

空间计量经济学有多种基本模型，选择不同的模型会得到不同的结果，因此在回归实证之前对模型进行选择至关重要。

空间计量模型识别方法主要有三种。大部分学者首先是构建空间滞后模型或空间误差模型，然后基于稳健的拉格朗日 (LM) 检验选择适当的模型。该检验方法是由 Anselin 于 1995 年最早提出的[①]，其判别准则为：在空间效应检验时，当 LM-Error 比 LM-Lag 显著时，选择空间误差模型作为研究模型；当 LM-Lag 比 LM-Error 显著时，选择空间滞后模型；当 LM-Lag 和 LM-Error 都不显著时，则要进一步比较稳健的 LM 检验；当 Robust LM-Lag 比 Robust LM-Error 显著时，则选择空间滞后模型更为适宜；当 Robust LM-Error 比 Robust LM-Lag 显著时，选择空间误差模型更为适宜。但是由于该方法只比较了 SAR 和 SEM 模型，忽略了其他空间模型，因此具有很大的局限性。

空间计量模型选择问题的实质是在模型复杂度和模型对数据的描述能力之间寻求平衡点。因此可以采用计量经济学中施瓦茨准则 (SC 准则)、赤池信息准则 (akaike information criterion, AIC) 和贝叶斯信息准则 (bayesian information criterion, BIC) 进行选择。模型的 SC、AIC、BIC 值越小，则空间计

[①] ANSELIN L, FLORAX R. New directions in spatial econometrics [M]. Springer, Berlin, Heidelberg: Springer-Verlag Berlin Heidelberg, 1995.

量模型越适宜，拟合效果越好。

LeSage、Pace 研究认为，应当把 SDM 模型作为出发点，SEM 和 SAR 模型都可以通过 SDM 模型退化得到，SDM 模型对空间溢出效应的反映更为灵活，可以进一步通过一定的检验准则比较 SDM、SEM、SAR 三种模型进行选择[1]。

本研究借鉴 LeSage、Pace 的研究，认为 SDM 模型应该作为空间计量中的基准模型，因为它具有更灵活的特征，且可以通过进一步的检验，辨别 SDM 模型是否有退化为 SEM 和 SAR 模型的可能性。

对空间计量模型主要采用极大似然法（ML）进行估计。该方法应用最为广泛，同时也发展最快，更为成熟。

5.2.3 空间权重矩阵的类型与选择

根据空间计量模型的表达式可以看出，确定空间权重矩阵至关重要。空间权重矩阵的设定取决于不同空间的关联方式，主要包括邻接指标和距离指标。邻接指标是指只考虑相邻区域赋权，不考虑间隔区域，如果两个区域相邻，赋权为1，不相邻，则赋权为0；距离指标是指确定区域之间的地理距离、经济距离或社会距离，假定空间关联取决于上述距离，通过欧式距离公式对权重矩阵进行计算。根据这两种指标，主要有如下几种空间权重矩阵。

5.2.3.1 空间权重矩阵

（1）邻接空间权重矩阵。当两地相邻时，赋权为1；当两地不相邻时，赋权为0，邻接空间权重矩阵为（0，1）矩阵，相邻的含义是在两个地区有公共边界。其表达式为

$$W_{ij} = \begin{cases} 1, & i \neq j \\ 0, & i = j \end{cases}, \quad W_{ij}' = \begin{cases} W_{ij} / \sum W_{ij}, & i \neq j \\ 0, & i = j \end{cases} \quad (5-7)$$

其中，W_{ij} 是原始邻接矩阵，W_{ij}' 是将原始矩阵进行标准化后得到的权重矩阵。该矩阵较为简单，应用范围较为广泛，但忽视了经济距离和地理距离等因素。

（2）地理距离权重矩阵。地理距离权重矩阵用不同地区的空间直线距离对区域间的空间联系进行衡量，其计算公式为

$$W_{ij}^d = \begin{cases} -e^{d_{ij}}, & i \neq j \\ 0, & i = j \end{cases}, \quad W_{ij}' = \begin{cases} W_{ij}^d / \sum W_{ij}^d, & i \neq j \\ 0, & i = j \end{cases} \quad (5-8)$$

---

[1] LESAGE J P, PACE R K. Introduction to spatial econometrics [M]. London: Taylor & Francis, 2009.

其中，W_{ij}^d 是地理距离原始矩阵，W'_{ij} 是经过标准化的地理空间权重矩阵。

（3）经济距离空间权重矩阵。有些研究认为，不同区域之间的空间关联不只受地理距离的影响，还可能受到其他因素，如经济距离和社会因素距离的影响。经济距离空间权重矩阵的意思是：经济越发达的区域，对周围区域的空间溢出效应越强，其表达式为

$$W_{ij}^y = W_{ij}^d \text{diag}(\overline{Y_1}/\overline{Y},\ \overline{Y_2}/\overline{Y},\ \cdots,\ \overline{Y_n}/\overline{Y}),\ W'_{ij} = \begin{cases} W_{ij}^y / \sum W_{ij}^y, & i \neq j \\ 0, & i = j \end{cases} \quad (5-9)$$

其中，W_{ij}^d 是地理距离原始矩阵，$\overline{Y_n}$ 是第 n 个地区第 t 个观测时期平均值，$\overline{Y}$ 是全部地区全部观测期的平均值；W'_{ij} 是经过标准化的经济距离空间权重矩阵。

（4）引力模型空间权重矩阵。根据万有引力定律，吸引力和排斥力共同作用产生了地区之间的关联，两个地区的空间关联除了受地理距离和经济距离影响外，还与区域的原始状况有关，用万有引力公式对空间权重矩阵进行模拟，其表达式为

$$W = \pi_{ij},\ \pi_{ij} = \begin{cases} m_i m_j / r_{ij}^2, & i \neq j \\ 0, & i = j \end{cases} \quad (5-10)$$

其中，r_{ij} 为地区 i 和地区 j 之间的地理距离，m_i 为 i 地区具有空间影响力的要素属性，m_j 为 j 地区具有空间影响力的要素属性。

5.2.3.2 空间权重矩阵的选择

对空间权重矩阵的选择是空间计量研究的重点，由于空间模型计算之前，需要人为设定空间权重矩阵，因此会有一定的主观性。各种权重矩阵都有各自的优缺点，LeSage 提出权重矩阵的设置不必过于复杂[1]。本研究是对省域进行的研究，省域数量较少，且主要考虑地理位置的邻接性，因此本研究采用地理邻接 Rook 矩阵，即区域 i 和区域 j 有公共边界时，$W_{ij}=1$；区域 i 和区域 j 无公共边界时，$W_{ij}=0$ 构建空间权重矩阵，相关数据通过 GeoDa 软件（一种探索性空间数据分析的软件）进行测算，并将权重矩阵进行标准化，统一矩阵单位。

---

[1] LESAGE J P, PACE R K. Introduction to spatial econometrics [M]. London：Taylor & Francis, 2009.

5.3 科技孵化产业智力资本协同的空间特征

新经济地理学研究了经济活动的空间集聚及区域集聚增长动力,创新也是新经济地理学的重要研究内容,创新活动存在空间交互作用。Anselin 提出空间数据都具有空间依赖性和空间相关性[①]。空间计量经济学将计量经济学长期忽视的空间纳入考虑范围,因此,本研究采用空间计量模型进行研究。建立空间计量模型之前,首先要运用全局空间自相关指标(Moran's I 指数)和局部空间自相关指标(局域 Moran's I 指数)考察科技孵化产业协同发展程度和区域创新绩效之间的空间相关性。

5.3.1 全局自相关分析

全局自相关用来测度某个区域在观测期内被观测变量数据是否具有空间分布与集群特征,考察区域与邻近区域在某一方面的关系是相互独立还是相互影响,即考察空间自相关是否显著存在,存在正向相关或是负向相关关系。研究者普遍使用由学者 Cliff 和 Ord 在 1972 年使用的 Moran's I 指数[②]对全局相关性进行分析。Moran's I 指数计算公式为

$$I = \frac{\sum_{i=1}^{n}\sum_{j=1}^{n}w_{ij}(X_i - \bar{X})(X_j - \bar{X})}{S^2 \sum_{i=1}^{n}\sum_{j=1}^{n}w_{ij}} \quad (5\text{-}11)$$

其中,n 表示样本数量(在本研究中指 31 个省份,即 $n=31$),X_i 表示第 i 地区的观测值,X_j 表示第 j 地区的观测值,在本研究中主要是指上文计算的各省份科技孵化产业智力资本协同度以及区域创新绩效。$\bar{X}$ 为 X 的平均值,$\bar{X} = \frac{1}{n}\sum_{i=1}^{n}X_i$;$S^2$ 为 X 的方差,$S^2 = \frac{1}{n}\sum_{i=1}^{n}(X_i - \bar{X})^2$;$w_{ij}$ 为空间加权矩阵 W 的第 i 行和第 j 列的元素,反映 i,j 地区之间的空间关联程度。I 的取值范围为 [-1, 1],当 I 大于零表示空间正相关关系,越接近于 1,空间正相关性越强;当 I 小于零表示空间负自相关,越接近-1,空间负相关性越强。

本研究分别对区域创新绩效、科技孵化产业协同度,以及双变量进行全

[①] ANSELIN L. Spatial econometrics: methods and models [M]. Netherland: Kluwer Academic Publishers, 1998.

[②] CLIFF A, ORD K. Testing for spatial autocorrelation among regression residuals [J]. Geographical analysis, 1972, 4 (3): 267-284.

局空间相关性检验。结果如表 5-1、图 5-2 所示。

表 5-1 省域科技孵化产业创新系统 Moran's I 指数

年份	Moran's I		
	区域创新绩效	科技孵化产业创新系统协同度	双变量
2009	0.197*	−0.044	0.0128*
2010	0.253**	−0.094	0.064**
2011	0.262**	−0.015	0.108**
2012	0.284***	0.193**	0.250***
2013	0.182*	0.193***	0.169**
2014	0.260**	0.113*	0.188**
2015	0.250**	0.147**	0.202**
2016	0.248**	0.129**	0.178***

注：*，**，*** 分别表示 1%，5%，10% 的显著性水平。

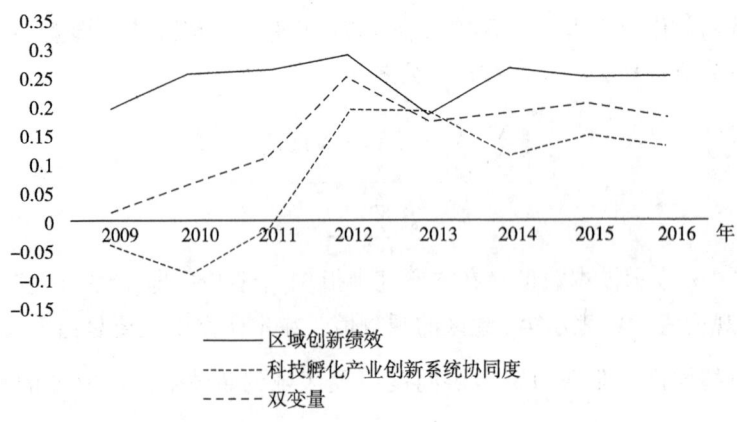

图 5-2 省域科技孵化产业创新系统 Moran's I 指数

Moran's I 指数表明：在区域创新绩效方面，2009—2016 年，中国各地区区域创新绩效的 Moran's I 指数均为正，全部通过了 10% 水平及以上的显著性检验，且以 2013 年为分界点，Moran's I 指数大致呈"U"形分布，即表明区域创新绩效存在明显的空间正相关性。在科技孵化产业协同度方面，科技孵化产业创新系统协同度 Moran's I 指数在 2009—2011 年为负值，并且未能通过显著性检验；在 2012—2016 年 Moran's I 指数均通过了 10% 水平及以上的显著性检验，并大于零，表明空间的正相关关系呈现逐年增强的趋势，与中国科技孵化产业协同特征演化相符。在双变量方面，2009—2016 年双变量 Moran's

I指数均大于0,并通过了10%水平及以上的显著性检验,这表明区域创新绩效与产业协同度双变量均与相邻地区存在较强的空间联动性,产业协同对其他地区产业协同以及区域创新空间外溢效应增强。

根据知识溢出理论,区域创新绩效和科技孵化产业协同度的空间分布具有空间相关性。因此,如果忽略了空间相关性的研究,使用传统计量方法进行研究是错误的。这为下一步研究科技孵化产业协同度对区域创新绩效的空间溢出效应提供了统计意义上的支持。

5.3.2 局部自相关分析

全局自相关对科技孵化产业协同和区域创新绩效是否具有空间相关性进行了检验,但只是对整体的研究,不能对不同个体的集聚特征进行探测。因此,采用局部自相关分析表现个体科技孵化协同与区域创新能力集聚特征,进而判定是否适合进行空间计量分析。

本研究进一步引入局域空间关联的Moran's I指数检验科技孵化产业协同度与区域创新绩效在地理空间上的分布与集群性质。结果表明,中国科技孵化产业协同和区域创新具有地理空间上的集聚态势和特征,并且这种特征具有很明显的空间差异性,同时随着时间的变化不断发生改变。

2009—2016年,中国绝大部分省份创新溢出效应并不显著。处于"L-L"低低集聚区的省份为新疆维吾尔自治区和内蒙古自治区。这两个省份位于西部地区,产业配套条件相对较差,自身创新能力不足。2009—2016年,西部地区区域创新能力和溢出效应都没有实质性的改变,东部地区"虹吸效应"对其智力资本等资源的吸收产生了弱化作用,同时得不到东部地区的辐射作用,自身周围不存在创新能力较强的区域,不能产生带动辐射作用,进而影响了孵化产业协同程度与区域创新绩效的提升。2009年和2011年,处于"H-H"高高聚集区的省份主要为江苏省、上海市和浙江省等东部沿海发达地区。这三个省份具有较强的科技孵化产业协同能力与区域创新能力,同时也具有较强的辐射带动作用和创新溢出效应。

从2014年起,中国东西部科技孵化产业协同和区域创新的溢出效应差异更为明显,"H-H"高高聚集区的省份在苏浙沪的基础上增加了安徽省和山东省,从3个增加到5个。安徽省和山东省从不显著区域进入高高集聚创新省份,说明两省通过地理邻近区位优势,不断增强与苏浙沪地区的开放和联系,通过苏浙沪地区强力的辐射和带动作用,增加区域之间的互动,进而增强了创新能力。2016年,"H-H"高高聚集区主要集中在以江苏省为首的泛长三角地区和以广东省为首的珠三角地区。这些区域内要素自由流动,城市相互往来，空间溢出效应较强；区域外凭借地理位置优势，不断吸收智力资本和其他创新资源集聚，科技孵化产业协同不断加深，对创新的外溢效应愈发明显。

5.4 模型建立与实证检验

前文明确科技孵化产业与区域创新之间的实证关系不能只用传统的计量方法检验，需要考虑空间因素，采用空间计量方法进行研究。因此，本节以经济地理理论为基础，从空间视角切入，进一步探讨和验证科技孵化产业协同发展对区域创新绩效的直接效应和溢出效应。

5.4.1 数据来源与变量选择

本研究选择 2009—2016 年中国 31 个省份的面板数据。数据主要来源于《中国统计年鉴》《中国科技统计年鉴》《中国金融统计年鉴》《中国火炬统计年鉴》以及考察期内省、自治区和直辖市的统计年鉴，采用 Stata, MATLAB 软件对数据进行处理及模型估计，变量说明如表 5-2 所示。

表 5-2 实证检验变量说明

变量类型	变量名称	变量代码	变量指标
被解释变量	区域创新绩效	INV	专利授权数
解释变量	科技孵化产业协同能力	COD	科技孵化产业协同度
	政府支持	GOV	地区科技活动经费筹集额中政府资金的比例
控制变量	金融发展水平	FIN	各地区金融机构存贷款余额与 GDP 之比
	外商直接投资	FDI	历年外商直接投资额
	高技术产业	TEC	历年高技术企业数量
	区域经济发展水平	ECO	人均 GDP

（1）区域创新绩效（*INV*）。区域创新绩效是区域知识和技术发展综合情况的反映。综合文献看，区域创新绩效的选择包括直接指标和区域创新效率的测量两种方式。效率评测方法包括参数法和非参数法两大类别，直接指标主要包括专利申请数、专利授权数和新产品产值。本研究仔细比较各种指标选择方法，认为专利数据审核标准严格，较少受到政府专利机构等人为因素

影响，数据全面稳定、容易获取，不存在专利授权时间滞后的特点。故参照靳巧花等学者的做法，采用专利授权数作为创新绩效的衡量指标[1]。

（2）科技孵化产业协同能力（COD）。科技孵化产业协同能力使用第4章根据复合系统协同度模型计算得到的31个省份数据进行表征。

（3）政府支持（GOV）。地方政府通过政策和资金两方面支持区域创新活动的开展。根据前文理论基础，政府支持会对区域创新产生空间溢出效应。由于政策支持不容易度量，本研究采用余泳泽等的研究[2]，采用地区科技活动经费筹集额中政府资金的比例进行衡量。

（4）金融发展水平（FIN）。金融发展水平和区域创新能力息息相关，金融的发展为初创企业提供了资金作为后盾，有助于科技成果的转化和利用。本研究参照鲁钊阳等的研究[3]，采用各地区金融机构存贷款余额与GDP之比衡量。

（5）外商直接投资（FDI）。外商直接投资能够对本地区区域创新带来实质性的影响。外商投资带来了外资先进技术与资本，为区域创新注入了新鲜血液和活力。参照靳巧花的研究，本研究采用历年外商直接投资额表征。

（6）高技术产业（TEC）。除科技孵化产业外，高技术产业对科技创新也存在影响，因此借鉴严太华等的研究[4]，用历年高技术企业数量表征。

（7）区域经济发展水平（ECO）。用人均GDP衡量，人均GDP是研究人员普遍采用的用来衡量区域经济基础和经济水平的指标。

5.4.2 动态空间面板模型构建

已有研究对空间误差模型（spatial error model，SEM）和空间滞后模型（spatial lag model，SLM）进行了研究和应用，但是上述两个模型忽略了自变量的空间性。根据LeSage等[5]和Elhorst的研究[6]，空间杜宾模型应该作为空间计量的基准模型并在此基础上进行选择。

---

[1] 靳巧花，严太华. 自主研发与区域创新能力关系研究：基于知识产权保护的动态门限效应 [J]. 科学学与科学技术管理，2017，38（2）：148-157.
[2] 余泳泽. 政府支持、制度环境、FDI与我国区域创新体系建设 [J]. 产业经济研究，2011（1）：47-55.
[3] 鲁钊阳，廖杉杉. FDI技术溢出与区域创新能力差异的双门槛效应 [J]. 数量经济技术经济研究，2012，29（5）：75-88.
[4] 严太华，刘焕鹏. 自主研发与知识积累：基于金融发展视角的门限模型研究 [J]. 中国管理科学，2015，23（5）：73-81.
[5] LESAGE J P，PACE R K. Introduction to spatial econometrics [M]. Boca Raton：CRC Press Taylor & Francis Group，2009.
[6] ELHORST J P. Spatial econometrics from cross-sectional data to spatial panels [M]. New York：Springer Heidelberg New York Dordrecht London，2014.

(1) 空间杜宾模型。从基准模型出发,构建本研究的空间杜宾模型(SDM 模型),表达式为

$$\ln INV_{it} = \alpha_0 + \rho W_{ij} \ln INV_{it} + \alpha_1 COD_{it} + \alpha_2 GOV_{it} + \alpha_3 \ln COD_{it} \times \ln GOV_{it}$$
$$+ \alpha_4 \ln X_{it} + \theta_0 W_{ij} \ln INV_{it} + \theta_1 W_{ij} \ln COD_{it} + \theta_2 W_{ij} \ln GOV_{it}$$
$$+ \theta_3 W_{ij} \ln COD_{it} \times \ln GOV_{it} + \theta_4 W_{ij} \ln X_{it} + \mu_i + \varepsilon_{it}$$

(5-12)

其中,INV 表示区域创新绩效,$W \cdot INV$ 表示区域创新绩效的空间滞后项,ρ 为空间滞后回归系数,COD 表示各省域科技孵化产业协同度,GOV 表示政府支持,$COD \cdot GOV$ 为政府支持与产业协同度的交乘项,X 表示控制变量,W 表示空间权重矩阵,μ 表示地点效应,ε 表示随机扰动项。

(2) 动态空间杜宾模型。根据前文全局和局部空间相关性的检验结果,在本研究中自变量具有显著的空间性,因变量具有滞后性,因此,进一步在模型中加入动态效应,选用动态空间杜宾模型(dynamic spatial durbin sodel,DSDM)进行实证研究,提高模型的估计精度,增强解释力。

在 Elhorst[①]、吕勇斌等[②]、刘满凤等[③]构建的空间杜宾模型的基础上,结合 Federico 等的研究[④⑤],本研究引入空间、时间滞后和动态效应,建立如下动态空间杜宾模型进行实证分析

$$\ln INV_{it} = \vartheta \ln INV_{it-1} + \omega \sum_{j=1}^{N} W_{ij} \ln INV_{jt-1} + \rho \sum_{j=1}^{N} W_{ij} \ln INV_{jt}$$
$$+ \alpha + \beta COD_{it} + \gamma \ln GOV_{it} + \delta \ln COD_{it} \times \ln GOV_{it}$$
$$+ \varphi \sum_{j=1}^{N} W_{ij} \ln COD_{jt} + \psi \sum_{j=1}^{N} W_{ij} \ln GOV_{jt}$$
$$+ \eta W_{ij} \ln COD_{jt} \times \ln GOV_{jt} + \tau \ln X_{it} + \lambda \sum_{j=1}^{N} W_{ij} \ln X_{it}$$
$$+ \mu_i + \varphi_t + \varepsilon_{it}$$

(5-13)

---

① ELHORST J P. Spatial econometrics from cross-sectional data to spatial panels [M]. New York: Springer Heidelberg New York Dordrecht London, 2014.

② 吕勇斌,周先平,易盈盈. 基于金融许可证信息的中国商业银行机构空间布局及其对区域经济的影响分析 [J]. 国际金融研究, 2017 (6): 54-64.

③ 刘满凤,谢晗进. 我国工业化与城镇化的环境经济集聚双门槛效应分析 [J]. 管理评论, 2017, 29 (10): 21-33.

④ FEDERICO B, GORDON H, ANDREA P M. Spatial panel data models using stata [J]. Andrea piano mortari, 2016, 14 (5): 1-41.

⑤ ANSELIN L, FLORAX R, REY S J. Advances in spatial econometrics: methodology, tools and applications [M]. Netherland: Springer Science & Business Media, 2004.

式中：INV 表示区域创新绩效，$W \cdot INV$ 表示区域创新绩效的空间滞后项，ρ 为空间滞后回归系，$\ln INV_{t-1}$ 为区域创新绩效的时间滞后项，$W_{ij}\ln INV_{jt-1}$ 为区域创新绩效的时间和空间滞后项。COD 表示各省域科技孵化产业协同度，GOV 表示政府支持，$COD \cdot GOV$ 为政府支持与产业协同度的交乘项；X 表示控制变量，在本研究中指上文提到的 FIN、FDI、TEC、ECO。W 表示空间权重矩阵，反映省域之间的空间联系 μ 表示地点效应，φ 表示时间效应 ε 表示随机扰动项。根据 LeSage 的研究，当 $\rho \neq 0$ 时，回归系数结果不能直接反映直接或间接效应，需要对模型求偏微分来对直接和间接效应进行检验。其中，直接效应是本地区解释变量引起当地被解释变量变化的程度，即区内溢出；间接效应是本地区解释变量引起邻近被解释变量变化的程度，即区间溢出。

5.4.3 空间计量模型的选择性检验

5.4.3.1 SDM、SAR、SEM 模型选择检验

首先对 SDM 模型是否可以退化为 SAR 和 SEM 模型进行检验。根据 LeSage 等的研究，SDM 和 SAR、SEM 模型转化条件如表 5-3 所示。

表 5-3 SDM 模型退化为 SEM 和 SAR 模型的条件

条件	模型
$\theta=0$, $\rho \neq 0$	SAR
$\theta=-\beta\rho$	SEM
$\rho=0$	SDM

当 $\theta=0$，$\rho \neq 0$ 时，应选择 SAR 模型；当 $\theta=-\beta\rho$ 时，应选择 SEM 模型。在本研究中，采用 Stata 软件对假设进行检验，两次模型检验 p 值均为 0，因此拒绝 SDM 模型转化为 SAR 和 SEM 模型的原假设，选用 SDM 模型最优。

5.4.3.2 SAC 模型与 SDM 模型选择检验

由于空间自相关模型（spatial autocorrelation model，SAC）和 SDM 模型属于非嵌套模型，可以通过信息准则方法进行判断，即比较 AIC 进行判断，通常 AIC 较小的模型较优，通过 Stata 软件计算，计算结果如表 5-4 所示。

表 5-4 SDM 模型与 SAC 模型选择检验结果

模型	样本数量	df	AIC
SDM	248	16	82.43 808
SAC	248	10	88.44 212

从表 5-4 中可以看出，SAC 模型 AIC 为 88.442，SDM 模型的 AIC 为 82.438，SDM 模型 AIC 显著小于 SAC 模型，因此选择 SDM 模型。

5.4.3.3　固定效应和随机效应的选择检验

运用豪斯曼（Hausman）检验是否拒绝固定效应模型和随机效应模型无差别的原假设，当接受原假设时，选择随机效应，当拒绝原假设，选择固定效应。在本研究中，Hausman 检验结果（$X^2=88.57$，$p=0$）表明拒绝原假设，选择固定效应模型最优。综上所述，动态空间面板解决了变量之间内生性的问题，且通过了检验，因此选用动态空间杜宾模型作为本研究的空间计量模型。为便于比较，本研究给出具有固定效应的静态空间杜宾模型（5-12）和动态空间杜宾模型（5-13）的 ML 估计结果。

5.5　实证结果与实证分析

5.5.1　实证模型结果

回归结果如表 5-5 所示。结果显示：模型（5-12）和模型（5-13）的空间正相关系数 ρ 分别为 0.740 和 0.480，并通过了 1% 水平的显著性检验，充分表明科技孵化产业的协同程度具有空间正相关效应。模型（5-13）R^2 值大于模型（5-12）且均大于 0.9，说明固定效应的动态空间杜宾模型拟合效果较固定效应的静态空间杜宾模型好。

表 5-5　动态空间杜宾模型估计结果

	变量	静态空间杜宾模型（5-12）	动态空间杜宾模型（5-13）
模型检验	$\ln INV_{it-1}$	—	0.294*** (5.37)
	$W \cdot \ln INV_{it-1}$	—	-0.317*** (-5.63)
	$\ln COD$	0.098 (0.75)	0.285** (2.44)
	$W \cdot \ln COD$	0.972*** (3.79)	0.647*** (2.78)
	$\ln GOV$	-0.009 (-0.06)	0.217* (1.71)

续表

	变量	静态空间杜宾模型 (5-12)	动态空间杜宾模型 (5-13)
模型检验	$W \cdot \ln GOV$	1.038*** (3.99)	0.665*** (2.84)
	$\ln COD \cdot \ln GOV$	0.013 (0.10)	-0.145* (-1.33)
	$W \cdot \ln COD \cdot \ln GOV$	-0.966*** (-3.85)	-0.651*** (-2.94)
	$\ln FIN$	0.085 (1.05)	0.1 (1.41)
	$\ln FDI$	0.037 (0.72)	0.035 (0.71)
	$\ln TEC$	-0.278*** (-5.60)	-0.750*** (-11.68)
	$\ln ECO$	1.804*** (5.30)	1.663*** (4.33)
	ρ	0.740*** (18.53)	0.480*** (6.71)
	地区效应	是	是
	时间效应	是	是
	R²	0.926	0.971
	log-likelihood	23.100	23.100
	N	248	248
直接效应（长期）	$\ln COD$	0.424**	0.465***
	$\ln GOV$	0.313*	0.364**
	$\ln COD \cdot \ln GOV$	-0.286	-0.262*
直接效应（短期）	$\ln COD$	—	1.256***
	$\ln GOV$	—	0.326***
	$\ln COD \cdot \ln GOV$	—	-0.249**

续表

变量		静态空间杜宾模型 (5-12)	动态空间杜宾模型 (5-13)
溢出效应（长期）	$\ln COD$	3.693***	0.399***
	$\ln GOV$	3.645***	1.263***
	$\ln COD \cdot \ln GOV$	-3.383***	-1.027***
溢出效应（短期）	$\ln COD$	—	1.399***
	$\ln GOV$	—	1.374***
	$\ln COD \cdot \ln GOV$	—	-1.286***

注：*，**，*** 分别表示1%，5%，10%的显著性水平，括号中为Z值。

5.5.2 实证结果分析

5.5.2.1 主效应与滞后效应分析

地区的区域创新水平通常会与本地区及邻近地区上一期创新水平相关，即区域创新水平既存在空间相关性（空间效应），还存在时间相关性（动态效应）。表5-5中，在1%的显著性水平下滞后一期的区域创新变量 $\ln INV_{it-1}$ 为正，$W \cdot \ln INV_{it-1}$ 为负，说明区域创新绩效一方面受到上一期自身区域创新绩效的正向影响，同时，受到上一期邻近地区区域创新绩效的负向影响。区域创新活动作为连续性的生产活动，存在时间滞后性和延续性，创新能力的提升需要前期知识、资源和技术等要素的充分积淀。

（1）在科技孵化产业协同度方面：表5-5中模型（5-13）显示，产业协同度的回归系数为0.285，且通过了5%水平的显著性检验，表明科技孵化产业协同发展可以促进区域创新，且协同度提高1%，创新绩效提升0.285%。这种积极作用主要表现在：科技孵化产业整合智力资本资源，为创客和创新技术孵化提供了知识、信息交互、R&D 转化平台，提升本地区知识水平、技术创新能力，改善本地区创新活动基础和创新环境，提升要素配置效率，驱动科技孵化产业结构升级，进而提升创新绩效。

（2）在政府政策支持方面：表5-5给出了政府支持以及政府支持在产业协同发展与区域创新绩效之间的调节作用。就 GOV 而言，系数值为0.217，并通过了10%水平的显著性检验，说明政府支持会对区域创新绩效产生正向影响。地方政府对科技孵化产业的支持主要包含直接和间接两种方式。直接方式体现为政府对孵化产业直接财政拨款补助、减免孵化企业的税收、为孵化器提供场地等。政府的财政拨款补助会使孵化器人员有更为丰厚的薪资空间、福利待遇、招商费用，能够更好地为创客与创业企业服务并提供创新奖励。减少税收会减少创业企业创新活动的成本，降低创业企业创新活动的风险，从而为 R&D 的提升提供更多资金。间接方式主要表现为政府对于引导科技孵化产业建立和实施制定的各种有利于本地区创新的法律法规、政策机制和所表现的政府态度。间接方式同样会给孵化产业传递积极信号与认同，有利于增强产业自信，促使更高的创新产出。

（3）在交互项 $COD \cdot GOV$ 方面：其系数值为-0.145，并通过了10%水平的显著性检验，说明政府支持负向调节产业协同与区域创新绩效之间的关系。原因在于三个方面：第一，政府支持力度加大，引入更多的智力资本资源，对本地形成资源的堆积和拥挤，科技孵化产业创新资源配置不合理从而降低区域创新效率。第二，政府支持会较多关注科技孵化产业的发展是否具有长远的经济和战略发展价值，是否有利于本地创新绩效的提升。政府的长远利益与孵化行业的短期收益偏好存在矛盾，这种矛盾一定程度上降低了孵化器的绩效，进而对创客绩效产生影响，阻碍了科技孵化产业的协同及其对区域创新绩效的促进。第三，孵化器发展水平在初期政府政策支持下良莠不齐，产业内恶性竞争与资源争夺，孵化器之间、创业企业之间与市场信息不对称，削弱了创新促进作用的发挥。

5.5.2.2 直接效应与溢出效应分析

静态空间杜宾模型只能测算长期效应，而动态空间杜宾模型能够测算直接效应和溢出效应的短期效应和长期效应。表5-5中动态空间杜宾模型结果显示：

（1）在科技孵化产业协同度方面。协同度的空间滞后变量 $W \cdot \ln COD$ 通过1%水平的显著性检验，系数为0.647，说明一个地区的科技孵化产业的协同发展程度不仅会影响本地区的区域创新（直接效应），还会对邻近地区区域创新产生影响（空间溢出效应）。科技孵化产业对本地区提升1%的协同能力，对邻近地区会产生0.647%的溢出效应。由此可见，科技孵化产业具有极强的辐射带动作用。无论是长期效应还是短期效应，产业协同度的直接效应、空间溢出效应均在1%水平下显著为正。在直接效应方面，科技孵化产业协同对区域创新影响的长期效应系数为0.465，短期效应系数为1.256，即科技孵化产业对区域创新绩效的短期效应大于长期效应；在间接效应方面，科技孵化产业协同度长期效应系数为0.399，短期效应为1.399，即科技孵化产业对区域创新绩效的短期效应大于长期效应，即不管是直接效应还是溢出效应，产业协同度的长期效应均小于短期效应。这与前文结论一致，即科技孵化产业并未形成良性发展，长期效应显现不足，短期效应明显。直接效应还应包括空间反馈效应，即产业协同的影响对邻近地区产生作用后又直接作用于本地区。直接效应的估计系数与协同度的估计系数方向相同，大小与显著性程度接近，差值为地区间空间反馈效应，且值为正。以上结果均表明科技孵化产业协同度会对本地区区域创新绩效产生直接促进作用，同时也会对邻近地区的区域创新产生辐射作用，该作用传递到相邻地区后会对本地区的创新产生正向的反馈作用。

（2）在政府政策支持方面。政府支持的空间滞后变量 $W \cdot \ln GOV$ 通过1%水平的显著性检验，系数为0.665，并且直接效应系数和估计系数差值为正，同样说明一个地区的政府支持不仅会影响本地区的区域创新，还会对邻近地区区域创新产生正向反馈作用。

无论是长期效应还是短期效应，政府支持的直接效应和溢出效应均通过显著性检验。从直接效应看，政府支持的长期效应为0.364，短期效应为0.326，长期效应大于短期效应。政府支持长期效应是短期效应的积累，政府支持对本地区区域创新影响作用的发挥具有长期性，是短期作用不断积累的过程。政府支持效应发挥存在时间效应和滞后性，有利于科技孵化产业结构升级和长远发展。从溢出效应看，政府支持的短期效应为1.374，长期效应为1.263，短期效应大于长期效应。这说明政府支持对邻近地区区域创新影响作用短期效应大于长期效应，本区域政府支持会在短期内对邻近地区产生影响，随着产业发展的成熟，邻近地区的区域创新更多取决于当地产业发展条件的改善与当地地区政府政策的制定。

（3）在科技孵化产业与政府支持交互项方面。交互项的空间滞后变量 $W \cdot \ln COD \cdot \ln GOV$ 通过1%水平的显著性检验，系数为-0.651，说明政府支持反向调节科技孵化产业协同对邻近地区区域创新产生的作用。

5.5.2.3 控制变量结果分析

高技术产业发展水平对本地区区域创新绩效的提升作用显著为负，系数为-0.750，可能原因在于指标选择的问题，高技术产业发展用高技术企业数量进行衡量，即高技术企业数量不能完全衡量区域创新发展水平，需要综合考虑发展质量。区域经济发展水平对本地区区域创新绩效的提升作用显著为正，系数为1.663。区域经济的发展，为区域创新提供了技术与资金支持，促进科技成果的转化，进而提升创新绩效。金融发展水平和外商投资水平对本地区区域创新绩效影响不显著，可能原因在于外资对中国地区投资主要以代工等低科技附加值为主，没有带来显著的技术外溢，且在中国投资不均衡，主要集中在东部地区，从而导致全国层面上外商投资影响效应不显著。金融发展水平可能并未直接作用于创新绩效。

5.6 本章小结

第一，构建科技孵化产业智力资本协同影响区域创新的理论框架，从微观、中观和宏观层面探讨科技孵化产业智力资本协同对区域创新的直接影响机制；第二，探讨科技孵化产业协同通过专业化溢出和多样化溢出对区域创新产生的空间相关性，明确其空间溢出效应的理论假设；第三，对空间计量经济学理论基础——空间计量模型的基本类型、识别准则及权重矩阵类型进行概述；第四，进行科技孵化产业智力资本协同对区域创新绩效直接效应和溢出效应的实证检验。

结果表明，以江苏省为代表的泛长三角地区和以广东省为中心的珠三角地区具有较强的辐射带动和溢出作用，东西部科技孵化产业智力资本协同对区域创新的溢出效应差异明显。构建动态空间杜宾模型进行实证研究，结果表明孵化产业智力资本协同度与政府支持会对区域创新产生显著的正向促进作用，政府支持负向调节科技孵化产业协同度与区域创新绩效之间的关系；本地区孵化产业的协同发展程度与政府支持对邻近区域创新存在空间溢出效应。无论是直接效应还是溢出效应，产业智力资本协同度的长期效应均小于短期效应。政府支持的长期直接效应大于短期直接效应，短期溢出效应大于长期溢出效应。

6 科技孵化产业协同对区域创新的影响
——政府支持的非线性效应检验

上一章基于空间计量模型的科技孵化产业智力资本协同对区域创新绩效影响的实证研究结果表明政府支持对于科技产业协同发展、促进区域创新绩效存在负向调节作用，且这种调节作用也存在空间溢出效应，可见政府支持具有非线性调节作用。那么不同支持力度是否会对科技孵化产业协同与区域创新之间的关系产生影响？其调节机制如何？为了验证政府支持的非线性作用，本章进一步采用 Hansen 的门限回归模型，将政府支持作为门限变量，对其调节作用进行估计和非线性检验，进行更为深入地研究。

6.1 政府支持的非线性作用的理论基础

6.1.1 政府支持的概念与类型

Atuahene-Gima 提出政府支持是在政府为了减少经济转型条件下，因为市场制度不完善产生不利影响的情形时提供的各种支持[①]。政府通常会以提供必须公共品的方式，为产业、企业或其他主体提供有价值的政策和产业信息，如制度、税收政策、产业政策等，市场配置资源起决定性作用的前提下，为企业、产业发展以及区域创新提供辅助手段与帮助，同时保证劝导的公正、公开和透明，保证生产与生活的顺利进行。

政府支持存在多种不同方式，不同方式的政府支持会对创新产生不同的作用。曾萍，邬绮虹等对政府支持政策对企业创新影响进行了实证研究，并对政府支持方式和影响进行分析和归纳[②]。政府支持采用如 R&D 补贴、税收

[①] ATUAHENEGIMA L C, D K B. Impact of interaction between R&D and marketing on new product performance: an empirical analysis of Chinese high technology firms [J]. International journal of technology, 2001, 21 (1): 61-75.

[②] 曾萍，邬绮虹，蓝海林. 政府的创新支持政策有效吗？：基于珠三角企业的实证研究 [J]. 科学学与科学技术管理, 2014, 35 (4): 10-20.

优惠、政府采购、金融外汇政策以及政府科研项目等手段,引导公众对某个行业或某项产品进行投资,从而影响产品和技术的革新。

本研究在综合前人研究的基础上,将科技孵化产业的政府支持分为直接支持和间接支持。直接方式主要表现为政府对孵化产业直接财政拨款补助、减免孵化企业的税收、为孵化器提供场地等。间接方式主要表现为政府制定的对于引导科技孵化产业建立和实施的各种有利于本地区创新的法律法规、政策机制以及政府态度。

6.1.2 政府支持对科技孵化产业协同与区域创新的非线性作用

政府支持在科技孵化产业智力资本协同与区域创新关系中是一把"双刃剑",存在非线性作用。这种非线性作用主要来源于"政府失灵"现象,体现在对国家和区域层面以及对产业和企业层面创新的促进与抑制作用。

6.1.2.1 政府失灵现象

政府失灵是指公共部门采用立法司法、行政管理或经济等手段提供的公共物品存在趋于浪费或滥用资源的现象,即干预不足或干预过度,导致公共支出规模大,政府活动效率低,社会福利损失。

政府失灵的原因多样,一方面是由于公共决策缺陷导致政府失灵。民众与政府委托代理中存在道德风险与信息不对称的情况,消费者和生产者存在追求利益最大化的偏好,政府部门及官员也存在这一偏好,因此会做出为争取更多报酬、争取政绩以及更高威望而做出某些决策;多重委托代理失效,政府提供公共产品并处于垄断地位,民众无决定权,在委托代理民意传递过程中,噪声会使得民意受损,产生偏差,民众与政府之间缺乏有效沟通,从而产生政府失灵现象。另一方面是由于公共政策执行的低效率导致政府失灵。公共产品处于完全垄断市场,缺乏竞争;政府干预超过对干预的需求,导致公共产品供给的低效率;缺乏对政府机构的有效监督,进而产生政府失灵情况。

6.1.2.2 对国家和区域层面创新的作用

国内外学者对国家和区域层面政府支持对创新的作用进行了广泛研究。Ishtiaq 的研究结果表明,政府支持能够决定国家对科研资源的配置,并能对国家科技发展方向、发展趋势以及发展速度产生影响并起到决定性作用,进而影响国际创新体系的方向,影响区域创新体系;政府支持能够通过经济和政治手段加以控制,采用政府政策的手段加强国家与区域创新活动的开展,激发和提升发展中国家的创新能力,提升国家创新实力和创新水平,提升区域创新实力[1]。政

---

[1] ISHTIAQ P M, CARLOS R. Government's dilemma: the role of government in imitation and innovation [J]. Academy of management review, 2005, 30 (2): 338-360.

府政策能够推动对创新型产业集群的投资,推动知识平台的知识共享,为创新提供良好的国家与区域政策环境。彭宜新指出,政府政策的不当提供会对创新产生负面抑制作用。在政府政策实施的过程中,因无法确定公共政策和市场决策之间的边界,导致政府工作效率过低。提供过量的政府支持,不利于政府支持对于创新的促进作用,一定程度上阻碍创新活动的开展[①]。

因此,政府应该明确创新主体的作用,不断推动市场在资源配置中的主体作用和市场化进程,减少政府过度干预,减少制约创新的因素。

6.1.2.3 对科技孵化产业和企业层面创新的作用

研究表明,早期政府支持与企业创新绩效之间的关系并不显著,近来随着创新主体范围的扩大,创新边界更为开放,导致政府支持对企业的创新起到至关重要的作用。聚焦到科技孵化产业,政府制定更为完善的市场政策,推动更多投资机构的建立,强化和放大技术创新对科技孵化产业与创客创新的决定性作用。政府对科技孵化产业与企业直接资金投入,如政府对企业产品的采购,对孵化产业的财政补贴,对入孵创客的补贴等,能够直接对科技孵化产业与创客创新产生促进作用;政府对科技孵化产业与创客的间接投入,如政府再优惠政策的出台、政企合作研发、政策性贷款、税收减免、抵款担保、资金补贴等方式,丰富了政府政策的支持手段,给孵化产业传递了积极信号与认同,有利于增强产业自信,间接对孵化产业与创客创新起到促进作用,进而促进科技孵化产业对创客的科技孵化,促进创客科技成果的转化与区域创新能力的提升。

政府的过度支持或不当支持同样会阻碍科技孵化产业与区域创新的发展。过度的政府支持可能会降低孵化产业与创客创新发展动力,孵化器只需依靠政府政策补贴就可以盈利,存在骗取补贴等情况,影响创新效率的提升;在一定程度上造成资源的倾斜,造成政府资源的浪费,不利于其他企业对资源的吸收与发展。

6.1.2.4 政府政策非线性作用机制

政府支持对科技孵化产业智力资本协同与区域创新之间的关系起到非线性调节作用。非线性作用主要表现在两个方面:一是政府支持通过影响科技孵化产业资源的数量多寡与质量高低影响产业协同,从而影响二者之间的关系。政府支持政策导向直接决定科技孵化产业协同效应的深度和广度,体现协同能力的高低。二是政府支持通过影响科技孵化产业对智力资本资源的吸收影响协同能力,从而调节二者之间的关系。

政府在对科技孵化产业进行支持时,应对支持力度进行权衡。当政府支

---

① 彭宜新. 公共政策对国家创新系统影响研究 [J]. 科技进步与对策, 2009, 26 (7): 94-97.

持力度过大，会阻碍科技孵化产业的快速发展，造成资源浪费；当对科技孵化产业放任不管时，会造成产业发展混乱，没有发展方向，进而影响科技孵化产业科技创新能力，影响区域创新与区域经济的发展。

6.2 政府支持调节作用的门限回归实证分析

1978年，汤嘉豪提出门限回归模型（threshold regressive model，TRM），并将其应用到回归模型中。其基本思想是通过控制门限变量，决定预报方程的选择，用分段的线性回归模型对非线性问题进行描述。该模型主要应用于经济学界和金融界，一定程度上解决了因为判定分界点存在的主观性而产生的偏差[①]。此后，Hansen提出静态面板回归模型，并于1996年在经济学顶尖期刊Econometrica上提出门限自回归模型（threshold autoregressive model）的检验和估计方法，对该方法进行补充和完善，使得TAR模型得到广泛的应用。Hansen提出门限回归的计量方法，即首先要减去时间均值方程，以期达到消除个体固定效应的目的，利用OLS估计方法对系数进行估计。由于样本数量有限，采用自举法（bootstrap）对样本重复抽样，提升门限效应显著性检验的效率[②]。在对政府支持进行门限回归之前首先明确门限回归的理论基础。

6.2.1 门限模型的设定

前文带有交互项的空间计量模型实证检验结果表明，政府支持与科技孵化产业协同、区域创新绩效之间存在非线性关系，但无法确认门限值的数量与门限值的具体情况，从而无法对模型进行更好地估计。因此本研究构建以政府支持为门限变量的门限回归模型，对门限值模型进行估计并进行显著性检验。

假设存在两个门限值 η_1 和 η_2，借鉴卓乘风和苏屹等人的研究成果构建模型如下

$$INV_{it} = \beta_0 + \beta_1 INV_{i,\,t-1} + \beta_2 GOV_{it} + \beta_3 COD_{it} + \beta_{41} COD_{it} \times GOV \times I(GOV \leq \gamma_1)$$
$$+ \beta_{42} COD_{it} \times GOV \times I(\gamma_1 < GOV \leq \gamma_2) + \beta_{43} COD_{it} \times GOV \times I(GOV > \gamma_2)$$
$$+ \beta_5 FIN + \beta_6 FDI + \beta_7 TEC + \beta_8 ECO + \mu_{it}$$

(6-1)

其中，$I(\cdot)$ 为指示性函数，当满足括号中的条件时，$I=1$；不满足时，

---

① TONG, HOWELL. On a threshold model in pattern recognition and signal processing [M]. Sijthoff & Noordhoff, Netherlands, 1978.

② HANSEN B E. Threshold effects in non-dynamic panels: estimation, testing and inference [J]. Journal of econometrics, 1999, 93 (2): 345-368.

$I=0$。其中，β_{41}、β_{42}、β_{43} 分别表示当 $GOV \leq \gamma_1$，$\gamma_1 < GOV \leq \gamma_2$，$GOV > \gamma_2$ 时，政府支持作用的调节系数；i 表示地区，t 表示年份，β_0 为个体效应，GOV 代表政府支持门限变量，γ 为阈值，μ_{it} 为随机扰动项。

6.2.2 变量设计及数据来源

选择 2009—2016 年中国 31 个省份的面板数据。数据主要来源于《中国统计年鉴》《中国科技统计年鉴》《中国金融统计年鉴》《中国火炬统计年鉴》和考察期内省、市、自治区的统计年鉴。采用 Stata 14.0 软件对数据进行处理及对面板门限模型进行估计。

变量选取如下：

（1）被解释变量：区域创新绩效（INV）——采用专利授权数作为区域创新绩效的衡量指标。

（2）解释变量：科技孵化产业发展协同度（COD）——使用前文复合系统协调度模型计算数据进行表征。

（3）门限变量：政府支持（GOV）——采用地区科技活动经费筹集额中政府资金的比例进行衡量。

（4）控制变量：金融发展水平（FIN）——采用各地区金融机构存贷款余额与 GDP 之比衡量；外商直接投资（FDI）——采用历年外商直接投资额表征；高技术产业（TEC）——采用历年高技术企业数量表征；区域经济发展水平（ECO）——采用人均 GDP 衡量。

6.2.3 平稳性检验

当包含时间和空间两个维度的面板数据存在非平稳性问题时，会导致"伪回归（spurious regression）"问题的出现。为避免伪回归问题，保证估计结果的有效性，在回归之前，可进行平稳性检验，如 LLC 检验、IPS 检验、Hadri LM 检验等确保数据的平稳性。

根据陈强的研究[①]，假设每个个体的自回归系数均相等，表达式为

$$\Delta y_{it} = \alpha_i + \beta_i t + \delta y_i, t-1 + \varepsilon_{it},$$
$$(i = 1, 2, \cdots, n; t = 1, 2, \cdots, T) \tag{6-2}$$

其中，δ 为自回归系数，α_i 为个体固定效应，$\beta_i t$ 为时间效应，ε_{it} 为扰动项。对上式进行混合回归，从而求得估计量 $\hat{\delta}$ 及其对应的 t 统计量。α_i、$\beta_i t$ 或 ε_{it} 存在自相关，需要对 t 统计量进行修正。

---

① 陈强. 计量经济学及 Stata 应用 [M]. 北京：高等教育出版社，2015.

与 IPS 等其他检验方法相比，LLC 检验要求备择假设个体具有同质性，使用个体合并数据计算统计量，LLC 检验实用性强，操作简单方便，能够对自相关问题进行有效处理。因此，本研究采用 LLC 检验方法，使用 Stata14.0 软件，对变量进行单位根检验，检验结果如表 6-1 所示。

表 6-1 主要变量的单位根检验

变量	LLC 检验统计量	概率值
INV	-79.729	0.000
COD	-17.544	0.000
GOV	-1.981	0.000
FIN	9.267	1.000
FDI	-2.138	0.000
TEC	-14.393	0.000
ECO	-13.301	0.000

根据表 6-1 面板数据平稳检验结果可知，除了金融发展水平（FIN）的 LLC 检验值在 10% 的显著性水平下没有通过单位根的检验外（即存在单位根的情况），其他变量均通过 1% 水平的显著性检验（拒绝存在单位根的原假设）。因此，有理由相信数据是平稳的，回归结果可靠，可以进行下一步的回归分析。

6.2.4 门限值估计

利用中国 31 个省份 2009—2016 年的面板数据对政府支持在科技孵化产业智力资本协同与区域创新绩效之间起到的调节作用进行实证研究。首先需要确定政府支持门限回归的门限值数量，从而确定选择单一门限模型、双重门限模型还是三重门限模型。将门限回归分别设定为存在一个门限值、存在两个门限值两种情况，对数据进行门限值估计，将 Bootstrap 次数设置为 300 次，得到结果如表 6-2 所示。

根据表 6-2，由 F 统计量可知，政府支持单一门限回归效应的 F 值为 60.44，对应 P 值为 0.013；双重门限效应 F 值为 -21.14，P 值为 1；在 5% 显著性水平下单一门限效应比双重门限效应显著，表明政府支持存在单一门限作用，政府支持（地区科技活动经费筹集额中政府资金的比例）单一门限值为 0.672，95% 的置信区间为（0.666, 0.675）。

表 6-2　科技孵化产业协同下政府支持调节作用的门限效应检验

变量		门限数	F 值	P 值	临界值			门限估计值	95%置信区间	BS次数
因变量	核心解释变量				10%	5%	1%			
INV	COD·GOV	单一门限	60.44**	0.013	31.092	43.118	61.749	0.672	(0.666, 0.675)	300
		双重门限	-21.14	1	25.003	40.810	86.977	0.691	(0.681, 0.694)	300
								0.676	(0.663, 0.677)	

注：*，**，*** 分别表示 1%，5%，10%的显著性水平，BS 次数为采用 Bootstrap 反复抽样次数。

6.2.5　实证结果分析

面板数据模型的估计方法多样，根据陈强的研究[①]，极端策略是将面板模型看成截面数据进行混合回归，即从时间上看不同个体间不存在显著性差异，从截面上看不存在显著性差异，主要采用普通最小二乘法（OLS）对参数进行估计，选择采用固定效应模型（fixed effects model，FE）如时间固定效应模型、个体固定效应模型或随机效应模型（random effects model，RE）。OLS 估计成立的前提是解释变量与扰动项不相关，否则会出现 OLS 估计量不一致的情况，工具变量法可以有效解决这一问题。当扰动项存在异方差问题，需要使用广义矩估计方法（generalized method of moments，GMM），包括差分 GMM、水平 GMM 和系统 GMM。差分 GMM 是对原方程做差分，使用变量滞后阶作为工具变量；水平 GMM 和系统 GMM 是差分 GMM 的扩展，用于消除弱工具变量问题。

综上所述，本研究分别进行 OLS 回归（1）、稳健标准误（2）、普通标准误（3）的固定效应模型（FE）回归，门限回归（4），差分 GMM（5）和系统 GMM（6），考察政府支持在不同门限区间内对其调节作用的影响。实证结果如表 6-3 所示，从表中可以看出，门限回归模型的 R^2 为 0.883，OLS 回归模型 R^2 为 0.742，固定效应模型的稳健标准误回归模型 R^2 为 0.879，固定效应模型的普通标准误回归模型 R^2 为 0.879，因此门限回归模型 R^2 最大，选择门限回归模型最优。

---

① 陈强. 计量经济学及 Stata 应用 [M]. 北京：高等教育出版社，2015.

表 6-3 科技孵化产业协同下政府支持调节作用的回归结果

	（1）最小二乘法稳健标准误（OLS）	（2）固定效应稳健标准误（FE）	（3）固定效应普通标准误（FE1）	（4）门限回归（TH）	（5）差分 GMM	（6）系统 GMM
$\ln INV_{i,\,t-1}$	0.253*** (0.078)	−0.041*** (0.015)	−0.041 (0.029)	−0.031 (0.029)	—	—
$\ln FIN$	−0.113*** (0.037)	−0.156*** (0.033)	−0.156*** (0.039)	−0.152*** (0.038)	−0.122*** (0.021)	−0.055** (0.026)
$\ln FDI$	0.743*** (0.166)	0.010 (0.110)	0.010 (0.100)	0.026 (0.099)	−0.038 (0.080)	1.082*** (0.312)
$\ln TEC$	−0.628*** (0.059)	−0.857*** (0.020)	−0.857*** (0.026)	−0.866*** (0.026)	−0.959*** (0.016)	−0.963*** (0.036)
$\ln ECO$	0.074 (0.229)	1.113*** (0.246)	1.113*** (0.163)	1.081*** (0.164)	1.452*** (0.215)	0.502 (0.474)
$\ln COD$	2.326*** (0.310)	0.768*** (0.113)	0.768*** (0.237)	0.847*** (0.235)	0.388*** (0.100)	0.983*** (0.139)
$\ln GOV$	1.798*** (0.343)	0.607*** (0.091)	0.607** (0.250)	0.607** (0.256)	0.329*** (0.095)	0.890*** (0.150)
$\ln COD \cdot GOV$	−1.814*** (0.211)	−0.494*** (0.058)	−0.494** (0.230)	—	−0.235*** (0.058)	−0.736*** (0.104)

续表

	(1)	(2)	(3)	(4)	(5)	(6)
	最小二乘法 稳健标准误（OLS）	固定效应稳健 标准误（FE）	固定效应普通 标准误（FE1）	门限回归 （TH）	差分 GMM	系统 GMM
$\ln COD \cdot \ln GOV$ ($GOV \leq 0.672$)	—	—	—	-0.542** (0.232)	—	—
$\ln COD \cdot \ln GOV$ ($GOV > 0.672$)	—	—	—	-0.608*** (0.231)	—	—
$L.\ln INV$	—	—	—	—	-0.0437*** (0.0133)	-0.00631 (0.0245)
_cons	2.545 (3.455)	4.015 (2.812)	4.015*** (1.511)	3.985*** (1.507)	1.225 (2.462)	-2.957 (4.183)
N	248	248	248	248	186	217
R^2	0.742	0.879	0.879	0.883	—	—

注：*，**，***分别表示通过10%，5%，1%显著性水平检验，括号中为t值。

当政府支持小于等于0.672时，其调节作用系数为-0.542；当政府支持大于等于0.672时，其调节作用系数为-0.608，分别通过了5%和1%水平下显著性检验。可以看出，当政府支持，即地区科技活动经费筹集额中政府资金的比例低于门限值0.672时，政府支持对科技孵化产业与区域创新之间的促进作用的调节作用显著；当政府支持超过0.672时，其对于科技孵化产业协同促进区域创新绩效关系的负向调节作用程度愈发加强，政府支持存在非线性作用。地区科技活动经费筹集额中政府资金的比例应保持在0.672内。

可能的原因是，当政府支持力度超过0.672达到一定程度时，政策调控的效应影响市场自身效应的发挥，政策命令的集中在一定程度上对区域科技产业的发展产生束缚，降低智力资本资源流动的活力，不能更好地吸引智力资源的集聚；政府支持的过量流入，会对其他智力资本资源产生挤出效应，从而形成负反馈，影响智力资本资源的进一步流入；智力资本资源创新要素结构形成扭曲，从而降低科技孵化产业协同对区域创新效率的提升作用；由于创新要素的供给缺乏弹性，当政府支持投入过量时，政府投入的"边际产出"会随着支持力度的增大而减小，原本的负向调节作用会被负面影响"加深"，进而增加"政府失灵"，从而影响协调创新资源的优化配置，影响产业升级、科技成果转化与高质量产出。整体看，政府支持强度的增加会加强产业协同对区域创新绩效之间的负向调节作用。因此，政府支持即地区科技活动经费筹集额中政府资金的比例应保持在0.672范围内。

6.3 本章小结

本章是对上一章内容的进一步研究。本章继续对政府支持是否存在负向影响机制以及机制如何发生，政府支持的合理适度阈值为多少进行探讨。首先在综合前人研究的基础上，总结政府支持调节科技孵化产业协同与区域创新绩效之间关系的理论基础；其次，选择使用门限回归模型对政府支持的非线性作用进行检验；梳理门限回归理论模型与估计方法，为实证研究奠定基础。最后，构建合适的门限回归模型进行实证分析，结果表明，政府支持对科技孵化产业协同与区域创新之间的关系存在非线性的负向调节作用，政府支持的门限值为0.672，科技孵化产业的政府支持即地区科技活动经费筹集额中政府资金的比例应保持在合理限度内。中国大部分行政区域对科技孵化产业的支持力度超过门限值，在一定程度上阻碍了科技孵化产业的智力资本协同能力，及其对区域创新的促进作用。

7 研究结论与展望

本章在综合全文分析的基础上对实证研究得出的主要结论进行归纳，在此基础上提出本研究的政策建议；对本研究中所存在的局限性进行分析，并指明未来的研究方向。

7.1 研究结论

本研究通过对科技孵化产业、智力资本、产业协同、空间计量等领域进行探讨和分析，构建了科技孵化产业智力资本协同创新系统并建立指标评价体系；提出科技孵化产业通过智力资本协同对区域创新产生直接效应和间接效应的假设，探索性地提出科技孵化产业智力资本协同影响区域创新绩效的空间计量模型，并结合实证研究进行校验；提出政府支持在科技孵化产业协同与区域创新之间的非线性作用假设，并确定政府支持最优作用区间。综合全文研究，得出四点结论。

（1）构建了科技孵化产业智力资本协同创新系统，提出了协同创新环境—知识—智力资本—孵化器—创客五重互动模式与机制。本研究以科技孵化产业为研究对象，从区域角度对科技孵化器的总体特征进行研究。对科技孵化产业的概念进行界定，明确科技孵化产业协同内涵、特征、功能与发展趋势，并梳理区域发展现状，结论表明东部科技孵化产业的发展占有绝对优势，西部科技孵化产业增速明显；结合智力资本的概念，从人力资本、结构资本和关系资本三维度出发，采用科技孵化产业智力资本"H-S-R"三维度的构念，从智力资本协同内涵、协同关系、协同机制与协同模式四方面对科技孵化产业智力资本协同机理进行了深入剖析；构建科技孵化产业智力资本协同创新内部智力资本三维要素之间，智力资本三维要素内部，孵化器与孵化器智力资本协同三种协同模式，并在此基础上构建由创客、孵化器和智力资本三个子系统共同构成的科技孵化产业智力资本协同创新系统，对其耗散结构与内部运行机理进行了分析。

（2）构建了科技孵化产业智力资本协同评价指标体系并进行实证研究，

结论表明全国大部分省份处于低度协同的低水平阶段，智力资本协同能力有待进一步提升。本研究根据高隆昌教授提出的二象对偶理论将科技孵化产业智力资本协同创新系统分为状态子系统和过程子系统。用科技孵化产业智力资本资源表征状态子系统，用孵化器科技创新绩效子系统和创客创新绩效子系统表征过程子系统；基于熵值法的耦合协同度模型构建科技孵化产业智力资本协同评价模型；基于协同学研究并参考中国科技孵化产业发展现状，提出包含5个序参量一级指标以及11个序参量分量二级指标的科技孵化产业智力资本协同评价指标体系；采用2009—2016年的面板数据对31个省份的科技孵化产业智力资本协同能力进行测度与分析，结果表明，31个省份中大部分地区科技孵化产业创新系统协同度仍然处于低度协同的低水平阶段，说明科技孵化产业良性发展机制尚未形成，良性发展机制有待建立，三个子系统需协同发展，不可偏废，共同促进科技孵化产业智力资本协同。

（3）提出并验证科技孵化产业智力资本协同对区域创新具有显著正向直接效应与间接溢出效应的假设。本研究构建科技孵化产业智力资本协同影响区域创新的理论框架，探讨科技孵化产业智力资本协同对区域创新的直接影响机制；探讨科技孵化产业智力资本协同通过专业化溢出和多样化溢出对区域创新产生的空间相关性，明确其空间溢出效应的理论假设。在此基础上，进行科技孵化产业智力资本协同对区域创新绩效直接效应和溢出效应的空间计量实证检验。结果表明，科技孵化产业智力资本协同对区域创新具有空间溢出效应，以江苏省为代表的泛长三角地区和以广东省为中心的珠三角地区具有较强的辐射带动和溢出作用，东西部科技孵化产业智力资本协同对区域创新的溢出效应差异比较显著；科技孵化产业智力资本协同度（系数为0.285）与政府支持（系数为0.217）对区域创新产生显著的正向促进作用，政府支持负向调节二者的关系（系数为-0.145）；本地区科技孵化产业智力资本协同发展程度，与政府支持对邻近地区区域创新产生空间溢出效应（系数分别为0.647和0.665）。无论是直接效应还是溢出效应，科技孵化产业智力资本协同度的长期效应均小于短期效应。政府支持的长期直接效应大于短期直接效应，短期溢出效应大于长期溢出效应。

（4）提出并验证政府支持对科技孵化产业智力资本协同与区域创新的非线性作用。在综合前人研究的基础上，总结政府支持调节科技孵化产业智力资本协同与区域创新绩效关系的理论基础；使用门限回归模型对政府支持的非线性作用进行检验；构建合适的门限回归模型进行实证分析。结果表明，政府支持对科技孵化产业智力资本协同与区域创新的关系存在非线性的负向调节作用，政府支持的门限值为0.672，科技孵化产业的政府支持即地区科技活动经费筹集额中政府资金的比例应保持在合理限度内。

7.2 政策建议

本研究的开展旨在促进区域内科技孵化器发展与产业化进程，提升科技孵化产业更好地为创客提供创新创业服务的能力，促进区域创新体系的完善，提升区域创新与区域经济发展实力，完善国家创新体系建设，是对孵化器理论的进一步研究与补充。本研究为政府部门、科技孵化产业建设者与规划者以及科技孵化器的经营者提供了相关的政策建议。

（1）国家及政府应重视科技孵化产业的建设和发展。科技孵化产业是创客创新成果产出的重要孵化载体，是国家科技创新体系与区域创新体系的重要组成部分。科技孵化产业通过"干中学"使知识不断转移、交互和吸收，从而完成内生性技术创新；提升区域创新系统高技术产业进程，为区域培育了初创中小型企业，推动区域内知识和技术密集型产业等高技术产业的集聚和发展，推动产业转型和升级。因此，明确科技孵化产业发展的重要性至关重要。要求进一步提升科技孵化产业在国家发展战略中的位置，全面融入中国科技、经济与社会事业发展进程。国家和地方政府应不断开放和繁荣科技孵化产业，完善其发展服务模式与功能；完善科技孵化链条建设，加强创业创新社区、众创空间、海内外互动孵化等新型孵化器建设，形成区域内科技孵化器的发展合力。

（2）省域科技孵化产业应进一步提升智力资本协同能力。进一步摆脱科技孵化产业的低水平协同发展现状，构建以智力资本三维度为重要节点的创新网络。首先，孵化器应发挥平台优势，实施品牌战略，搭建智力资本资源网络，为创客提供优质办公场地、办公条件、融资通道、信息、知识与科技服务、生活服务、指导性管理，帮助创客制订发展计划，向创客提供财务、宣传、营销、品牌、人才等"软硬件"服务。其次，孵化器应不断提升孵化行业从业人员的专业素质和技能，为创客搭建官产学研中介联盟，建设高效的孵化体制，营造有活力的创新氛围。各地区政府应引导智力资本创新资源向孵化产业集聚，培训和发掘孵化行业的"增长极"作用，提升孵化产业的创新促进与创新辐射带动作用，发挥产业整体的协同作用，提升区域创新能力。将科技产业搭建成一个由高校、科研院所、科技园等机构的技术、人才、资本和信息等智力资本资源聚集及要素支持的互动平台与创业平台，推动优质的、具有品牌效应的孵化器产业化发展。

（3）政府应加强邻近地区的开放程度与联系程度。研究表明，科技孵化产业智力资本协同发展对邻近地区的区域创新具有极强的带动作用。因此，邻近地区地方政府之间应加大开放程度，通过搭建合作交流平台，加强区域之间创新合作、资源共享与区际广泛流动，强化邻近城市之间多样化与专业化分工协作，推动不同地区之间不同孵化产业优势互补。逐步消除不同城市之间的市场分割，减少资源流动限制，消除政策壁垒，促进自由竞争，在更大范围内和更远距离内发挥科技孵化产业的空间溢出效应。加强中西部地区科技孵化产业的投入与建设，完善科技孵化链条和配套智力资本资源服务，缩减东西部发展差距。

（4）客观认识政府支持在科技孵化产业智力资本协同、促进区域创新过程中的非线性作用。客观认识政府支持在科技孵化产业协同发展过程中的"催化剂"作用，根据产业发展现状，制定和调整长短期发展规划。直接方式方面，把控对科技孵化产业资金扶持的合理区间，防止出现低效率的"政府失灵"现象，避免盲目加大投资力度，应该做好市场调研和多方论证，充分发挥市场在资源配置中的主导作用，防止"产业泡沫"和对其他资本的"挤出效应"，做到"激励相容"，实现科技孵化产业资源流动，优化产业结构资源配置。间接方式方面，进一步完善对孵化产业的优惠政策，降低创客创新创业成本，惠及更多的创客，为创客健康发展提供有效支撑，调动孵化企业与创客的创新积极性，实现行业"优胜劣汰"，促进产业结构优化升级。地方政府积极贯彻国家政策，制定多项政策支持创新群体，但应保持在一定限度内，保证市场在资源配置中的主体作用。

7.3 研究局限

本研究构建了科技孵化产业智力资本协同创新系统，对中国31个省份的科技孵化产业智力资本协同创新能力进了评价与分析，实证检验了科技孵化产业智力资本协同对区域创新绩效的直接效应和间接溢出效应，验证了政府支持的非线性作用。虽然在理论层面与现实层面取得了一定的进展，但由于笔者自身学术水平、知识水平以及外界条件的限制，研究还存在一定的局限性。

（1）研究样本及数据收集问题。由于本研究采用的数据来自《中国科技孵化统计年鉴》等，这些数据收集时间比较短，因此最终面板数据有效样本为248个，数据量还有待扩充。另外，二手数据与一手数据相比，存在一定的局限性，研究对年鉴数据统计指标存在依赖，数据指标的可靠性有待补充检验。

(2) 科技孵化产业智力资本协同评价指标体系构建问题。由于从智力资本角度对科技孵化产业协同状况进行研究，现有可借鉴文献比较少，在对不多的国内外文献阅读的基础上，结合科技孵化产业特定数据变量，提出现有的评价指标体系，因此，指标体系的信度和效度有待进一步检验，评价指标体系有待进一步扩展与丰富。

(3) 区域创新绩效评价指标的选取问题。区域创新绩效评价指标的选取一直是区域创新研究的重点。学者选择专利授权数、专利申请数、新产品产值、创新效率构建指标评价体系对区域创新绩效进行衡量。本研究在考虑了数据易获取性、稳定性、不存在授权滞后等因素的基础上，选择了专利授权数对区域创新绩效以及滞后效应进行检验，指标选取的合理性有待商榷，区域创新绩效指标选取的全面性有待进一步补充研究。

7.4 研究展望

虽然本研究将科技孵化器与智力资本的概念相结合，从空间视角对科技孵化产业智力资本协同与区域创新的关系进行了系统研究，但由于研究中存在上述局限性与不足之处，同时受限于篇幅长度，为提升研究的可靠性和延展性，在未来科研工作中，本研究将在三个方面做进一步扩展。

(1) 进一步延长研究样本的观察时限，扩大调查研究的范围，增加调研样本的数量。由于数据获取的局限性，本研究的样本选取时间跨度为2009—2016年。随着每年《中国火炬统计年鉴》的出版，在未来研究工作中，不断补充新数据，进一步验证本研究结论的正确性；研究样本主要针对省级层面，未来研究中，会更加深入地对省域内城市科技孵化产业发展状况进行研究，提升研究结论的普适性；以更加开放的思维，积极尝试获取数据的不同方法，如案例研究、调查问卷等一手数据，不断拓展数据挖掘渠道，增加样本容量，提升研究精度。在严格遵循随机抽样原则的基础上，综合分析数据。

(2) 对科技孵化产业智力资本协同评价指标体系进行更为深入的研究。本研究在对科技孵化产业智力资本协同能力进行研究时，根据已有研究构建评价指标体系，但由于统计数据的可获取性存在一定的局限性。为进一步保证指标评价体系的科学性、一致性和稳定性，后续会对量表的信度和效度进行重复性检验，并对指标体系的变量进一步筛选，与权威专家讨论，确保评价指标体系的科学性和严谨性。

(3) 对区域创新绩效评价指标进行扩展与改进。在未来的研究中，对区域创新绩效评价的研究内容会更加全面。尝试选择不同的区域创新绩效的评价指标进行研究，检验研究结论的普适性；结合渐进性区域创新和突破性区域创新的新趋势，构建全面的、多层次多阶段的区域创新绩效指标评价体系；提出并验证区域创新影响科技孵化产业智力资本协同的假设，探究区域创新促进科技孵化器发展的作用机理，为科技孵化器理论建设与实践发展提供理论支撑。